「ヨン様」の名付け親が
初めて語る韓流秘話

韓流前夜

丸山幸子

はじめに

２０２３年の今年、韓流は日本に上陸してから20年を迎えました。多くの人が「３年くらいは持つだろう」と考えていたブームは、政治に少し翻弄されながらも、日韓両国民の思いをつないで20年も続きました。

そのおかげで、韓流到来の直前にその流れに加わった私も、人生の一時期、寝食を忘れて取り組んだことをまとめるという作業に恵まれました。

20年前、「冬のソナタ」を見たあと、書店を探しても韓国ドラマの情報が日本にほとんどなく、自分が知りたいことを本にまとめたのが「もっと知りたい！韓国ＴＶドラマ」創刊号でした。発売日に完売したのを見て、私と同じことを思った人が全国に大勢いるのだと、本を作り続けるうえで勇気づけられました。

私は伝える側の人間なので、ドラマ制作の現場やアーティストの方たちのように、クリエイティブな部分を経験しているわけではありません。ずっとクリエイティブな人たちのそばで、その作品や制作者の言葉などを伝えてきました。

本書では、これまで発信してこなかった私自身の考えや感想、思いなどを詰め込みました。どうやって日本で初めての韓国ドラマ専門誌を作っていったか、その中で出会った人や、起きた思いがけない出来事などを思い出しながら記録しました。作業するうちに、当時どんなに寝られなくても、編集作業が楽しくて仕方がなかったことも思い出しました。

そして、ＢＴＳをはじめ、あのとき想像もできなかったほど大きくなった韓流が、どうやって今のように世界最強のコンテンツになったのか、見聞きしたことを元に自分なりに考えてきたこともまとめました。

そんなことを書いていくうちに、「では日本はどうすべきなのか?」という問いが最後に残りましたが、その答えを出すにはもう少し時間が必要そうです。

日韓関係はそんなに変わりませんが、国民同士の交流は様変わりしました。20年を振り返り考えをまとめてみると、まだやるべきことがあると思えてきます。読んでくださった方々にも、何らかのインスピレーションを感じ取ってもらえたら幸いです。

もくじ

第4章

世界最強のコンテンツへ

第1章

日本初 韓流ドラマ専門誌の誕生

大きなうねりの前触れ

２００３年８月29日。日本初の韓流ドラマ専門雑誌「もっと知りたい！韓国ＴＶドラマ」（通称「もっ韓」）が株式会社共同通信社から発売された。私が企画し、執筆し、編集し、ほかに編集部員もいなかったので、当然ながら編集長も私。助っ人としてほかの雑誌の編集部員に一部のページの作業を手伝ってもらったが、実質、一人編集長、編集部員ナシのムック本だ。

発売に先立ち、初めて出す本なので宣伝したいところだが、わが社のサイトは充実していないし、万年赤字の部署なので会社から広告宣伝費は出ない。当時の営業担当者があれこれ考え、まだ日本では今ほどメジャーではなかったアマゾンに、発売前の情報を提供することにした。発売前であっても、アマゾンに雑誌情報を提供すると、アマゾンは「予約中」としてサイトに本の情報をアップしてくれるのだ。そうすると、その本のページができるので、それも広告代わりになるということだった。

はたして、情報がアップされると想定外のことが起きた。まだ発売1週間前なのに、アマゾンで販売している全書籍（雑誌含む）の中で1位になったのだ。営業担当者と私は跳び上がるほど驚いた。しかも瞬間的に1位になったのではなく、発売1週間前からずっと1位をキープしたのだ。

アマゾンからは発注部数追加の連絡が来た。発売前なので、配本予定数というのがあったのだが、1位を取ったら1日百冊は売れるとのことで、このままでは不足が必至だというのだ。そういった反響を受けて、私は営業担当と緊急ミーティングを行い、初版2万部予定だったのを、初版5万部に引き上げることにし、印刷会社に連絡した。この本の企画段階で私が作成していた試算は、初版2万部、販売率50％、それで採算ラインに乗るというものだった。その目標を、発売前にクリアしたようなものだった。

発売日当日。「ファクスがまったくつながらない」と全国の書店から電話がかかってきた。営業部は「ファクスがパンクしたようだ」と言う。当時は書店からの注文はファクスで受けていたが、その受注用のファクスの電話回線がパンクするくらいの注文が殺到した。わが社の出版部門では前代未聞のことだった。結局、発売日当日に初版の5万部は完売してしまった。発売直前に初版5万部に引き上げたものの、まったく見当違いだったのだ。発売日に再び緊急ミーティングを行った。「とりあえず、すぐに5万部増刷しよう」。発売日に印刷会社に連絡し、とにかく納本を急いでもらった。

「もっと知りたい！韓国TVドラマ」創刊号

そのあと、その5万部もあっという間になくなり、最終的に5回増刷し、23万部を発行した。

日本の韓流ブームは「冬のソナタ」から始まった。最初の「冬のソナタ」の放送は2003年4月3日から9月4日まで、NHK-BS2で毎週木曜日の午後10時からだった。当時はまだ、世間的な認知度は〝知る人ぞ知る〟という程度だった。だから私は、放送が終わってしまったら本が売れなくなると思い、どうしても放送が終わるまでには発行しなければ、と徹夜続きで編集した。なんとか最終回の前に間に合いそうだったので、発売日は最終回の直前で、主演男優ペ・ヨンジュンの誕生日、8月29日に設定した。

「冬ソナ」にハマる

「もっと知りたい！韓国ＴＶドラマ」を立ち上げる前、私は２００1年1月から1年間、「ＦＭｆａｎ」という音楽誌の編集長をしていた。「ＦＭｆａｎ」というのは、ＦＭラジオ放送の番組表と共に、音楽やアーティスト情報を掲載したテレビ誌のＦＭ版だ。１９６６年6月創刊という長い歴史があり、共同通信社出版部門の礎を築いた雑誌だ。その由緒ある雑誌の編集長に、30代初、女性初、しかもほとんど経験ナシの私が就任した。そのため周囲からいろいろ苦言も受けた。とはいえ、すでに「ＦＭｆａ ｎ」の収益のピークは過ぎており、他のＦＭ誌も休刊が続いていた。当時の私は、編集においても、事業経営においても未経験で、対処策としてコストを下げるくらいしかできることはなかった。結局、編集長就任後1年でこの歴史ある音楽誌を私が終わらせてしまった。

その後、当時共同通信社から発行していたテレビ誌「ＢＳｆａｎ」と、ある保険会社から請け負っていたテレビ冊子「ＴＶｆａｎ」を手伝うことになった。私はもともと芸能界にあまり興味がなく、テレビもそれほど見ないほうだったが、海外ドラマだけは比較的好んで見ていた。当時人気のあったアメリカのドラマ「セックス・アンド・ザ・シティ」は大好きで、それを見るためだけにＷＯＷＯＷに加入していたほどだった。アメリカのキャリアウーマン（この言葉も最近聞かないが）の女性主人公たちの、おしゃれでイキなライフスタイルを描いているのが大好きだった。当時は海

「FMfan」最終号

外ドラマといえば、一番押さえておくべきはNHKのBS放送で、そういう理由で私は「BSfan」「TVfan」のNHK担当を手伝っていた。

当時（今もそうかもしれないが）NHKは、新しい海外ドラマ番組を放送する前に記者向けに試写会を行っていて、私もNHK担当だったので、2003年度春から始まる海外ドラマの試写会の案内が来るとさっそく出掛けて行った。それが、2003年3月4日だった。

そのとき見たのはアメリカのドラマを含め3本くらいだったと思う。その中の1本が「冬のソナタ」だった。そこで私は、試写会だというのを忘れるほど「冬のソナタ」に引き込まれた。映像の美しさと懐かしさが私の中のいろんな感情に響いて、心が揺さぶられた。そのときは単に一視聴者として、「毎週必ず見よう」と思いながら帰った。

そのときに決めた通り、私は第1回から録画予約して見始めた。ところがあるとき、たしか第4回の放送だったと思うが、放送時間が変更になり録画ができていなかったことがあった。楽しみにして家に帰った私は大ショック。しかし後日、別件で資料を取りにＮＨＫに行ったところ、ＮＨＫに出入りする記者の資料用として、放送内容と同じビデオテープが広報室に置かれているのを発見した。さらに、そのビデオを視聴できるブースも設けられているのをそのとき知った。

先日見逃した回をＮＨＫで見ることができると分かって、広報の方に声を掛けると、今後放送される予定の数回分のビデオもあると教えてくれた。心の中で「ラッキー！」と叫んで、とりあえずビデオを借りて見始めた。見始めるとやめられず、広報室に置いてあった数回分を全部見てしまった。視聴ブースに4時間くらい居続けたと思う。見入り過ぎて涙までする始末。とにかくその時点ですでに私は「冬のソナタ」にどっぷりハマってしまっていた。

「海外ドラマ本」↓「韓国ドラマ本」に企画を変更

テレビ誌のＮＨＫ担当としての仕事をする一方で、ＮＨＫ担当を始めた当初から考えていた「海外ドラマのＭＯＯＫ本」の企画書を作ることにした。私の大好きな

「セックス・アンド・ザ・シティ」「フレンズ」「ＣＳＩ」などアメリカドラマを中心としたドラマ本だ。しかし私は、そのときはもう「冬のソナタ」にどっぷりハマっていたので、まだ世間ではほとんど知られていないが、韓国ドラマ「冬のソナタ」を本の真ん中のページに入れて、大特集しようと考えた。その特別企画のタイトルが「注目！　今熱い、面白い、もっと知りたい韓国ドラマ特集」だった。

この内容で営業担当に相談し、本の流通を取り仕切っている取次会社の反応を聞いてもらった。すると、なぜか取次会社の担当者が「韓国ドラマだけを取り出して本を作ってみたら？」と言ったそうだ。まだブームにもなっておらず、韓国ドラマをＮＨＫで放映しているなんてほとんどの人が知らなかったのに、だ。

今となっては、その取次会社の窓口の人に、なぜそういうアドバイスをしてくれたのか聞くすべもないが、この方がまぎれもなく「もっ韓」誕生の二番目の功労者だ。ちなみに、一番目の功労者は、私のアイデアを放置せず、ずっとサポートしてくれた営業担当の先輩だ。発行が決まってから雑誌の名前を付けるときも、この先輩が私の海外ドラマムック本の企画書を見て、「これにすれば？」と言ったのが、前述の「注目！　今熱い、面白い、もっと知りたい韓国ドラマ特集」だ。ここから、「もっと知りたい！韓国TVドラマ」というタイトルが決まった。

取次会社の方のアドバイスを営業担当経由で聞き、すっかり「冬のソナタ」にハマっていた私は、「実は今はそっちのほうが力が入ってるんだよね」と言って、その日のうちに企画書を書き直した。それが5月の連休前だ。

実はその前に一度、同年の2月だったか3月だったか忘れてしまったが、海外ドラマのMOOK本の企画書を部長に提出していた。しかし、「韓国ドラマに絞ろう」と営業担当の先輩と話した5月の連休前までに、前に出した企画書のフィードバックがまったくなかった。検討の会議にもかけられず、部長に聞いてもまともな返事が返ってこなかった。

今回もこのまま「なかったこと」にされてしまうのはかなわない。スルーされてしまっては、せっかく見つけた新しいタネをまくタイミングを外してしまいかねない。

連休が明けると、今回は出版部門のトップである局長に直談判した。企画の意図、取次会社などの市場調査の報告、収支見込みなどを簡単に説明し、とにかく企画会議を開いてくれるよう頼んだ。当時の出版部門は厳しい状況で、新しいことをやるのに逡巡する傾向があった。しかし局長は、「ぜひやってみよう」と言ってくれた。局長が局内の関係者に声を掛け、５月下旬、出版するかどうかの会議が開かれることになった。三番目の功労者は、局長だろう。

各部署の部長や関係者が10人ほど集まり、私は企画内容と収支見込みを説明した。誰もまったく相手にしてくれない雰囲気だった。「韓国？　誰が読むの？」「いったいライターは誰がやるの？　書ける人はいるの？」。心配するのも当然だろう。当時はまだ、韓国のエンタメを知っている人はもちろん、聞いたことのある人もほとんどいなかった。ほとんどの人は興味がない。そもそもまだ韓国を後進国だと思っている人も多い。日韓関係の影響でイメージも良くない。日本には韓国エンタメの市場そのものがほとんどないに等しいものだったから、映画ライターや音楽ライターといった、その筋の専門家が、韓国のエンタメには存在すらしなかった。

私は「『冬のソナタ』という今ＮＨＫで放映されているドラマの主役のインタビュー記事を、現地の雑誌で見つけています。インタビューはできないと思いますが、その記事を購入します。あとは主な書き手は自分でやります」と話した。収支試算からいっても、ライターその他に使う予算はそんなにない。自分でほとんどやって２万部刷って、半分売れて、やっと黒字になる程度か、と想定していた。

会議では疑問視する意見くらいしか出なかった。しかし、結論を出すにも、反対するにも賛成するにも、誰も論拠となる確たる材料は持っていない。そもそもエンタメの世界では、何が当たるのか、当たらないのか、誰にも分からないことのほうが多い。だからハリウッド映画でさえも、大ヒット作の第２弾を作ったりするのだ。そのほうが確実で安全だから。

また、自分でイチから何かを作った経験のない人には、出来上がったものがいいか悪いかも判断できないことが多い。市場や世間の反応を見て、やっと白黒つける人が多いものだ。成功体験も失敗体験もないから、どこに評価基準をもってくればいいのか分からない。当時の出版部門で新しいものを自ら作ったことのある人は数人しかいなかったが、彼らは賛成してくれた。局長も賛成。そういったことで「とりあえずやってみることにしよう」という、積極的ではないが前に進める意見でまとまった。

その後も、局長には細かい作業まで協力していただいた。創刊号発売後の反響がものすごく大きく、読者からのはがきが山ほど届いた。当時は定期的に継続して発行する予定はなく、反響が続くので不定期に発行日を決める、という方法だった。だから読者から熱い反応をもらっても、広告も出せないので次の発売のお知らせができない。当時はインターネットも主流ではなかったしＳＮＳも存在しなかった。

そこで、はがきを送ってくれた読者にダイレクトメールを送ってお知らせしようという話になり、反響を寄せてくださった読者の住所・名前などを毎回リスト化して発売案内のはがきを送ることにした。膨大な読者からのはがきのデータをリスト化してくれたのが局長だった。個人情報でもあり間違ってはいけないものなので、アルバイトに任せるわけにはいかない。そうかといって、編集担当の私や、営業担当の先輩は忙殺されている。何も言わず、自ら率先して時間のあるときに黙々と作業していただいて本当にありがたかった。

強力な体育会系助っ人

「冬のソナタ」の放映が始まったのが4月、本を出すことが決まったのが5月末。まずは内容を詰める必要があった。私としては「冬のソナタ」にハマっているので、1冊まるごと「冬のソナタ」の特集にしたいと思っていた。そう思ってNHKに相談に行ったところ、当時の私はまったくの無知で、「ムック権」というものがあるということをそのとき初めて知った。「ムック権」はNHKが所有しており、まるごと「冬のソナタ」のムックは、その権利の所有者（あるいは権利を購入した者）しか作れない。権利を持たない者は、ドラマのプロモーションとして、4ページくらいまでしかドラマの特集をしてはならない、ということだった。

まるごと「冬のソナタ」の夢が破れた私は、お先真っ暗になった。しかしすぐに気を取り直し、「そうか。ドラマの特集がダメなら、ドラマに出演している俳優にスポットを当てることにしよう」と思いついた。さらに、それだけではページが埋まらないので、「ドラマに登場する撮影場所を観光ガイドブックのように紹介しよう」というアイデアをひらめいた。


まずは俳優紹介のページ。企画会議の前に、2002年日韓ワールドカップの仕事で知り合った在日三世の韓国人で、当時在日本大韓体育会（民団の下部組織）に所属していた趙靖芳（チョ・ジョンバン）さんに「冬のソナタ」の話をしたことがあり、次に会ったときに、彼がペ・ヨンジュンのインタビューが掲載されている韓国の雑誌を見つけて持ってきてくれた。これが、企画会議で私が話した内容だ。

本を作ることが正式に決まり、あらためて趙さんに会った。仕事でときどき韓国に行っていた彼は、まだ30歳前後でドラマや芸能の情報もよく知っていた。そのうえ、打てば響くタイプで何でも気軽に相談できたし、アグレッシブで前向き、いつも私を元気づけてくれた。

まったく専門外の趙さんに、まずは前述の雑誌社に連絡をしてもらい、インタビュー記事と写真の購入を交渉してくれるよう頼んだ。そのうえで、俳優のインタビューが取れないか、インタビューができなくても、俳優の写真を購入できるところはないかを、その人に聞くか、ほかで聞けるところはないかなど、いろいろ尋ねてもらった。

彼の調査によると、ペ・ヨンジュンは韓国ではトップスターで、インタビューは基本的に受けないらしい。雑誌のインタビューは購入できそうだが、写真はまだ分からないということだった。また彼は、「韓国人は電話で交渉するより、直接会って話をしたほうが話が早い」とも言う。それに、韓国の芸能事務所も雑誌社も、一般企業とは違って、訪問する場合も事前にアポを取ってスケジュールを段取りよく準備できるような体制にはなっていないというのだ。

今では日本同様、前もってアポイントを取るのは当然だし、そうでないと会えもしないが、当時は事前にアポイントを取るのは難しかった、というより、「来たら連絡をくれ」と言われることが多かった。

少々途方に暮れたが、「行くしかない」とここで心に決めた。趙さんがいなければ、雑誌を立ち上げるのは無理だっただろう。韓国歴史ドラマ風にいえば、彼こそ「一等功臣」、そして四番目の功労者だ。それにもっと言えば、彼は成人してから韓国語を習得した、日本社会で育った人なので、このころは今ほど韓国語を完璧に使いこなせていなかったかもしれない。それでも彼の度胸と、誰が何を望んでいるかを瞬時につかむセンスがすべてのことを乗り越えさせてくれた。

韓国に行くといっても、私はサラリーマンなので会社に申請しなければならない。しかも予算は限られている。いろんな段取りを整えてから、なるべく短い日程で仕事が終わるように出張日を決めることにした。とりあえず趙さんには、ペ・ヨンジュンのインタビュー記事はほかに売らないように、そして私に売ってくれるように、と先方に連絡してくれるよう頼んだ。

そのほかの俳優の紹介記事については、共同通信社の元ソウル支局員から、「エンタメが大好きで、超詳しい」という、現地採用の共同通信記者を紹介してもらった。彼女に連絡を取り、「とりあえずソウルに行くので会ったときに話しますが、俳優の紹介記事を書いてほしい」と頼んだ。このソウルの記者・甘素栄（カム・ソヨン）さんは、その後も長く、本を作ることにかかわってもらった。本書の最後の「おわりに」の韓国語翻訳も彼女にお願いしたものだ。誠実で、優秀で、粘り強く、諦めない、目端が利く、信頼できる女性。彼女が五番目の功労者だ。

ロケ地取材の糸口

次に、俳優の紹介だけではページが埋まらないので、ドラマに登場した場所を紹介する作業だ。これまたどうすればいいのか途方に暮れた。

まずは印象に残った場所をいくつかピックアップ。いろいろ調べるうちに、「韓国観光公社」という韓国へのインバウンドを推進する外郭団体があるというのを見つけた。さっそく東京の事務所を調べて電話をし、「韓国ドラマの紹介本を作ろうと企画しているが、ドラマで使われた場所の紹介をしたいので相談に乗ってほしい」と話したところ、対応した次長さんがすぐに会う約束をしてくれた。

２００３年６月４日、当時有楽町にあった韓国観光公社に行き、東京支社の次長・李鶴柱（イ・ハクジュ）さんに会い、こちらの事情を話したところ「『冬のソナタ』は、江原道（カンウォンド）という韓国の東北の県で撮影したのが有名で、中国人もよく訪れている。観光公社の江原道事務所の担当者が手配してくれるはずだ」と言って、江原道事務所の日本担当者の連絡先を教えてくれた。

「日本担当」というのは、私のような日本のマスコミなど、日本案件に対応する担当者のことだ。韓国観光公社はインバウンドを増やすための仕事を行っているので、対象国ごとに担当がいるのだ。

すぐに観光公社江原道事務所の担当者・朱恩廷（チュ・ウンジョン）さんに国際電話をした。「どういうところを見たいのか」などを聞かれ、詳細はメールとファクスで送る旨を伝えて電話を切った。

「冬のソナタ」は、主人公のカップルが高校生のときに出会い、大人になって再会する物語で、2人が高校時代を過ごしたのが、江原道の春川（チュンチョン）市。その近くにある南怡島（ナミソム）という人工島が、印象的なシーンで何度も登場する。また、2人が大人になってから再会し一緒に仕事をすることになる龍平（ヨンピョン）スキー場も江原道にある。ちなみに龍平スキー場は、その後、平昌（ピョンチャン）冬季五輪の会場としても使われた。主要な場所はほとんど江原道で網羅されているので、江原道の担当者に頼めばなんとかなるとめどがついた。

江原道は、日本からドラマ関連のマスコミ取材者が初めて来るということで、すごく力を入れてくれた。私が希望したのは、春川市内、南怡島、もし可能なら足を延ばして龍平スキー場だったが、朱さんは、「それ以外にも『冬のソナタ』と同じユン・ソクホ監督が撮影し、韓国では『冬のソナタ』よりもヒットした『秋の童話』というドラマがあって、それも江原道で撮影したので、そのロケ地にも連れて行きましょう」と言ってくれた。また、「ほかにも数カ所、代表的な観光地があるので、全部合わせて車で回ります」と連絡が来た。そういうことで、ソウルから春川市に移動後の〝江原道3泊4日の旅〟が江原道・韓国観光公社・春川市によってセットされた。

取材準備　キャプチャー300枚超

そこまで決まると、次は出張の日程調整だ。5月末の会議で出版することが決まり、6月上旬に韓国観光公社に初めて相談に行き、通常の仕事を調整して、韓国出張は7月10日から17日までと決まった。発行日はこの時点では決まっていなかったが、進めていくうちにペ・ヨンジュンの誕生日の8月29日と設定した。そうなると校了日は8月20日。韓国出張から帰国して1カ月で作り上げなければならない。

7月10日から13日はソウル、14日に江原道に移動して17日に帰国する。

ソウルでの交渉や打ち合わせには、通訳も兼ねて趙さんに一緒に行ってもらうことにした。彼も本業があるので、最大でも2日しか休暇は取れず、土日を入れて計4日しかない。また、江原道にはカメラマンを連れて行く必要があったため、フリーの若い女性カメラマンに後から来てくれるよう頼んで、ソウルで落ち合って江原道まで一緒に行くことにした。

まずは前半の俳優紹介記事の準備だ。NHKの広報室に置いてある「冬のソナタ」の台本を見ながら、出演俳優をリストアップする。どこまで記事と写真が確保できるか分からないので、主演陣だけでなく、その両親、先輩、同僚役など広範囲にわたってリストアップした。ソウルでは、俳優の写真を確保する交渉をしたり、事前アポは取れなかったけれどペ・ヨンジュンの事務所にも行ったりしたい。原稿を書いてもらうことにしたソウル支局の甘記者とも打ち合わせをしなければならない。

ソウルでの日程は趙さんと相談し、アポイント取りもお願いした。江原道のほうは、何を見たいのか、撮影したいのか、事前に決めておかなければならない。この準備がとんでもなく大変で時間がかかった。

まずはＮＨＫで「冬のソナタ」の台本全20話分をコピーさせてもらい、それを見ながら全話を見直した。どのシーンで自分が感動するのか、印象に残るセリフやシーンなどをチェックし、台本にマーカーを入れながらドラマを見た。次に、マーキングした台本を見ながら、どの場所がポイントなのか、どの場所を見たいと思うか考えながら再度ドラマを見て、キャプチャーをしていった。キャプチャーに写った風景から、現地で場所を探し出すためだ。

当時は今のようにドラマをパソコンで見られる方法はないし、パソコンで簡単にキャプチャーができるわけでもない。そもそも今なら、ダウンロードするかオンラインでドラマが見られるから、スマホさえあれば、ドラマを見ながらロケ地を探せる。

この作業のために自分で購入したパナソニックのハードディスク・レコーディング・プレーヤーと、ビデオデッキと、テレビと、会社のキャプチャー機器を自宅に持ち帰ってつなぎ、ビデオを再生させながらマーカーを入れた台本を見てキャプチャーしていった。

キャプチャーのポイントは、例えば「学校の壁」をバックにドラマを撮影しているとすると、どの壁かを特定するために、背景の建物や風景がちゃんと入っているバージョンと、ドラマのシーンが分かるように俳優をアップで撮ったバージョンなど、それぞれ複数枚用意するということだ。そうでないと場所が特定できない。ドラマで見た場所を見に来る人にとっては、単に南怡島という島に行けばいいだけではなくて、どの場所で、どの方向から撮ったのか、どのイスに座ったか、というピンポイントの情報が重要なのだ。

そのため、キャプチャーの枚数は300枚以上にもなった。作業のために自宅にこもり切りで3日間ほど徹夜した。江原道の担当者には、いくつか具体的に「撮影した学校」「並木道」などと事前に伝えた。

韓国に出発

２００３年７月10日、いよいよ韓国へ。低予算で抑えなければならないのと、発行までのスケジュールや他の仕事も詰まっていたので、できる限り宿泊日数を短くした。ありがたいことに、江原道の行程の費用はすべて江原道がプロモーションとして出してくれることになった。当時は羽田からはほとんど国際便がなく、成田便で行くしかなかった。対する韓国側は、国際線は金浦空港から仁川空港に移っていた。東京からソウルに行くには、基本的に成田―仁川の便しかなかったのだ。今は仁川空港からソウル市内へは速い空港鉄道などが通っているが、当時はまだそれほど移動手段が整備されていなかった。

今と違って韓国に行く人は本当に少なかったので便数も少なく、また、短い日程でなるべく長時間ソウルにいるために、一番早い便を予約した。朝９時成田発のアシアナ便。比較的都心に住んでいた私も、５時起きで６時過ぎのリムジンに乗った。連日、準備のために睡眠不足だった私は、起きられるかどうか本当に不安だった。その後もソウルにたびたび行くことになったが、徹夜続きの中、移動するのでいつも眠かった。飛行機の中では機内食も食べずに熟睡することも多かったし、搭乗口付近のベンチでつい寝てしまい、呼び出されても気づかず、搭乗口前にいるのに乗り遅れそうになったことが何度もあった。だからなるべくグランドホステスの目に入る場所にいるようにするという知恵もついた。

ソウルでまずやらなければならない仕事は、ペ・ヨンジュンのインタビュー記事の購入だ。趙さんが見つけたペ・ヨンジュンのロングインタビューは、韓国の「ミュージックライフ」という雑誌に掲載されていたものだった。写真のクオリティーが高く、まるまる譲ってもらおうと思った。

趙さんが日本から電話をし、原稿と写真を購入したい旨を伝えると、「とにかく一度来て。それで話そう」と言われたといい、直接会うことになった。先方は事前にペ・ヨンジュンの事務所にも許可を取ってくれていて、写真も提供してくれた。このときの交渉相手で、「ミュージックライフ」誌の編集長・韓五洙（ハン・オス）さんが、その後も取材の手配など、深くかかわってくれることになった。

「もっと知りたい！韓国ＴＶドラマ」は創刊号からしばらくの間、情報量とクオリティー、トップ俳優のインタビューで他社に先行し、後に多数登場した韓流誌の追随を許さなかった。それによって部数もクオリティーもナンバーワン雑誌といわれたが、彼がいなかったら、それは成し遂げられなかっただろう。長い間、韓国側の編集長のような役割をしてくれた。長年エンタメ誌の編集者として培った彼の経験と人脈が、私を助けてくれたのだ。彼が、六番目の功労者といえるだろう。

次に大事なのは、雑誌を作るときに重要な決め手となる写真。それまでほとんどの日本人は韓国のエンタメにまったく興味がなかったので、芸能人の名前も顔も知らないし、写真の入手ルートも持ち合わせていなかった。そこで大活躍してくれたのが趙さんだ。趙さんの本業は、スポーツを通して日韓の懸け橋になる仕事。趙さんによると、韓国ではスポーツ紙が芸能人の写真を一番持っているらしく、趙さんのツテで韓国のスポーツ記者連盟の幹部に事情を伝え、その方が韓国の大手新聞の一つ、韓国日報系列（現在は中央日報系列。２００５年に中央日報が買収）のスポーツ紙「日刊スポーツ」に話を通してくれて、同社を訪問し写真を購入できるよう取り計らってくれた。

ソウルでは趙さんにくっついて日刊スポーツを訪問し、写真のアーカイブを見せてもらった。この貴重なアーカイブをチェックするのに何時間も居座り続け、結局、ペ・ヨンジュンの写真はあるものすべて、そのほかにも、「冬のソナタ」やトップスターに関する写真はすべて、このときにまとめて購入した。注文数が多すぎてＣＤにはデータが収まらず、後日、甘記者に頼んで、当時の韓国で一般的に使われていたクラウドサーバー「ウェブハード」にアップしてもらった。

今考えると、韓国では２０００年の初めから、すでにクラウドのサーバーが使われていて、日本には類するものすら存在しなかった。雑誌に掲載する写真や資料画像などはデータサイズが大きく、韓国人が一般的に使っているウェブハードというクラウドサーバーが一番安価で使い勝手がよかった。

ウェブハードは月額1000円か1500円くらいだったと思うが、日本にはそういったものがなかったため、経費申請の際、その仕組みを会社で説明しても結局理解してもらえなかった記憶がある。

写真についてはもう1カ所、予定にはなかったところも訪問した。ミュージッククライフの韓編集長を訪ねた際、「芸能人の写真はどこに行けば売ってもらえるだろうか」と相談したところ、「ハンギョレ」という独立系新聞社がケーブルテレビ誌を発行しており、芸能系の写真を多く持っている、というアドバイスをもらったからだ。さっそく趙さんとハンギョレを訪問した。事情を話し、写真を売ってほしいと話したところ、担当者が対応してくれて、ここでも多くの写真を購入した。

趙さんは今でも「あのときに日刊スポーツとハンギョレで写真をまとめて大量買いしたことが、他社に対して圧倒的に有利な立場を占めることにつながったと思うんですよね」と言う。ほんの少し人より早く気づき、すぐに行動し、先行したことが大きなアドバンテージを生んだことは確かだろう。

ペ・ヨンジュン事務所に突撃訪問

ソウルでの日程で事前に決まっていたものは、1日目の共同通信ソウル支局へのあいさつ、趙さんがコネを使って頼み込んでいた日刊スポーツでの写真集め、3日目の午前中に「冬のソナタ」を放送したKBS訪問、午後はミュージックライフの韓編集長、4日目は趙さんが帰った後、ソウル支局の甘記者と会うこと。

2日目は予定がなかったので、ソウル市内のロケ地で気になるところを事前に選んで、趙さんに頼んでロケ地と思われる場所を調べてもらっていた。それを元にロケ地となった建物の外観などいくつか撮影したり、行き方を確認したりして歩き回った。

その空き時間にペ・ヨンジュンの事務所も訪問した。趙さんが日本から連絡してくれたものの事前のアポイントが取れなかったので、アポなし突撃訪問だ。「インタビューしたい」など頼みたいことはいろいろあったが、かなうはずがないと思いながらも、何か収穫があるかもしれないとダメ元で訪問した。

応対した事務所の人に「ペ・ヨンジュンさんはいらっしゃいますか？」とアホな質問までする始末。日本でもスターが事務所にいることはめったにない。最近のＫ－ＰＯＰの事務所は大きくなり、練習スタジオなども完備しているので、所属アーティストは練習や打ち合わせのために事務所に出入りしているようだが、俳優の場合そういうことはあまり聞いたことがない。

とにかく、ペ・ヨンジュンはいなかったが、事務所の人には会えた。当時のペ・ヨンジュンの所属事務所には、「冬のソナタ」にペ・ヨンジュンの同級生で恋敵として出演していたパク・ヨンハも所属していた。日本でもよくあることだが、事務所のトップ俳優が出演する番組やドラマなどに同じ事務所の若い俳優が起用されることがある。「冬のソナタ」の場合もそうだったようで、パク・ヨンハが同じ事務所だった。

パク・ヨンハはまだ若くてそんなに売れていない俳優だったので「事務所にいるかな？」と思ってまた同じ質問をしてみた。残念ながらやはり不在。しかし、ここまで来たのにタダでは帰れない。「ペ・ヨンジュンさんとパク・ヨンハさんに、日本のファンのために、サインを書いていただくことはできませんか？」と聞いてみた。事務所の人は少し逡巡したものの、ペ・ヨンジュンは無理だが、パク・ヨンハに「頼んでみます」と引き受けてくれた。そして、サインしたあとどうやって届ければいいかを尋ねられ、ソウル支局の甘記者に受け取りを頼むことにした。後日、サインは無事、甘記者から東京に送られ、創刊号の読者プレゼントとして掲載し読者の元に届けられた。

翌日、このソウル出張で唯一、時間まで決まったアポイントが取れていた韓国の公共放送局のＫＢＳを訪問した。韓国の主要な地上波放送局は3局あり、日本のＮＨＫと似た立ち位置なのがＫＢＳだ。

ここでは、もしかしたら追加情報を得られるかもしれないと思い、念のためにロケ地の情報がないかなどを相談してみた。日本で初めて韓国ドラマだけを紹介する本を出版予定であること、「冬のソナタ」に関する感想や、編集の内容なども話した。ドラマの写真についても聞いてみた。このときはあまり収穫がなかったが、とりあえず韓国の放送局に初めて行ったことだけでも十分だった。

後で知ったのだが、「冬のソナタ」はＫＢＳで放送されたものの、制作をしたユン・ソクホ監督は、その前に監督した「秋の童話」ヒット後にＫＢＳを退職し、パン・エンターテインメントという制作会社と契約したため、制作したのはＫＢＳではなくパン・エンターテインメントだったのだ。情報はほとんど制作会社にあり、ＫＢＳには私の欲しかった細かい情報はなかったのだと思う。

のちにユン監督から直接聞いたのだが、「秋の童話」がヒットし、その後、いったん現場を離れて管理職になるよう打診があったそうで、管理職より、現場の仕事をずっと続けたいと思って会社を辞めたということだった。今では地上波放送局の社員であるドラマ監督が独立したり、制作会社に移籍したりすることはよくあることだが、その先駆けだったのだろう。

「ヨン様」誕生

私が初めて韓国を訪れたのは1992年。会社の組合に青年婦人部という20代中心の集まりがあって、その集まりで希望者を募って行ったのが最初だった。そのころのソウルは、タクシーは相乗りがまだ残っていたし、夜にタクシーに乗ると遠回りされることもあった。一緒に行った男性の中には、夜、飲みに出掛けて超高額の請求を受けた人もいた。宿泊したのは江南のマリオットホテル。私たちは若者で安いツアー客。今の江南とはまったく違って、夜になると真っ暗で不便で江北より安かったからそこになったのだ。その後も私はソウルにほぼ隔年ペースで訪れていた。また、2002年の日韓ワールドカップ準備委員会の仕事をやることになって、2000年にも取材で訪問したけれど、私のソウルに対する印象はあまり変わらなかった。

ところが2003年、「冬のソナタ」のドラマに出てきたソウルの街を見て回り、特に江南の変貌ぶりに驚いた。東京の青山のような高級ブティックが立ち並び、高級百貨店やおしゃれなカフェ、バー、レストランがひしめき合っていた。90年代初頭から少しずつ変わっていたのかもしれないが、私があまりあちこち見て回らなかったから気づかなかったのかもしれない。

ソウルの街を歩いていると、当時はトップスターだったペ・ヨンジュンが起用されている広告が多くあり、ポスター、街頭看板、バスのラッピング広告にもペ・ヨンジュンを見掛けた。私はうれしくて、あちこちのペ・ヨンジュンを撮影して帰った。そして「もっと知りたい！韓国ＴＶドラマ」創刊号の最後のほうに読者プレゼントのページを設け、そこにカコミ記事として「おまけショット」というスペースを作って、自分で撮った街で見掛けたペ・ヨンジュンの広告を5枚掲載した。この5枚の写真のキャプションに、「ヨン様」という言葉を使った。これが、日本の媒体で初めて使われた「ヨン様」というニックネームだ。それ以降、私は、業界内で「ヨン様の名付け親」と言われるようになった。

ちなみに、「ヨン様」が世間に広まり始めたころ、大阪に住んでいる高校時代の友人が「大阪のおばちゃんは『ヨンさん』って呼んでるで」と教えてくれた。商店街で、前を行くご婦人たちが、「ヨンさん」と連呼していたそうなのだ。そのうち「ヨンさん」は駆逐され、「ヨン様」が標準になっていったようだった。韓国のメディアでも「ヨン様」というニックネームが使われるようになり、今でもときどき耳にする。

ただ、これまた甘記者からのちに教えてもらったのだが、韓国人は親しい人を呼ぶとき、名前の後ろ側の文字をとって、「ア」や「イ」を付けて「～ちゃん」的なニュアンスで呼ぶそうだ。だから、ペ・ヨンジュンは勇俊（ヨン・ジュン）なので、ジュン・ア（韓国語はリエゾンするので、「ジュナ」となる）と呼ばれるはずだ。私は日本風に、頭を取って呼び名を付けてしまったので、後日、これは日本人的間違いだったということを知った。イメージとしては、杉良太郎さんが「杉さま」と言われていたのと同じような感じ、と深く考えずに個人的に愛称を付けて雑誌に書いてしまった。あとになって、会社の上層部から「商標登録しておけばよかった」と冗談だか本気だか分からないことを言われたのも覚えている。

ソウルから江原道へ

4日間のソウルでの仕事を終え趙さんと別れ、カメラマンと合流。ソウルの遠距離用バスターミナルの一つ、東ソウル市外バスターミナルから、春川に向かった。チケットを買ったり乗り場をチェックしたりするのに少し緊張したが比較的すんなりと乗れた。春川までは約2時間。江原道の担当者からは、春川市外バスターミナルから市内バスターミナルに移動するように言われていたので、なんとか乗り継いで指定のバスターミナルまでたどり着いた。そこに、日本から連絡していた韓国観光公社江原道の日本担当、朱恩廷さんや春川市の日本担当の方たちが車で迎えに来てくれて、江原道道庁に向かった。

朱さんも春川市の担当者も日本担当で、日本からのインバウンドを増やすことが役目なので当然日本語がペラペラ。一方私のほうは、2000年にワールドカップ準備委員会の広報誌の取材のため独りでソウルに出張する前に、ハングルだけは読めるようにしておこうと思い立ち、1週間ほど本を読み込んで文字を読むことだけはできた。今は韓国では当たり前のように英語の表記があり、日本語や中国語での案内も増えたが、当時はまだハングルだけの表記がほとんど。地方に行けばなおさらだった。私がなんとかバスに乗れたのも、文字だけは読めたからだと思う。

最近は韓国語を読み書き話せる人が本当に増えたが、韓国語は語学が苦手な人にこそおすすめだ。文字の形はとっつきにくいが、論理的に作られた文字なので大人が覚えやすい。しかも韓国語自体が日本語とそっくりで、「今までなぜ英語にこんなに苦労したんだろう」と、地理的に近いことの意味を実感する。という私も、まだペラペラ話せるレベルではないが。

道庁に着くと、おそらく道庁のかなり偉い人だったと思うが、その方が部屋で出迎えてくれて、お茶とお菓子をいただいた。道庁の偉いおじさんだけれども、初対面の私に冗談まで言う（韓国語だったから、朱さんが通訳してくれた）、かしこまらない感じが、大阪の企業を訪問したときの感じと似ていた。趙さんも、後から合流したカメラマンも大阪出身、私は和歌山出身でみんな関西人。大阪出身のカメラマンも「大阪の人みたい」と言っていた。なんとなく、いろんな人に会うたびにうすうす感じていた「東京人と関西人より、関西人と韓国人のほうが似ているかも？」という気持ちがさらに強まった。

春川名物「タッカルビ」

江原道での日程は移動日を入れて4日間。朱さん、春川市の担当者、日本語はできないが日程中運転を担当してくれる男性がたしか2人、うろ覚えだが8人くらいで移動したように思う。1日目は移動日で春川市内で食事をご馳走になり、食事をした市内の中心街にドラマで見覚えのある場所を数カ所見つけたので、撮影してから市内のホテルへ。

最近はあらゆる韓国料理が日本で紹介され、韓国料理店がものすごく増えたので韓国料理を知っている人も多いが、当時の日本では「韓国料理」というジャンルはほぼなく、「焼き肉店」でチジミやコムタンなどの韓国料理が出てくる程度だった。私は比較的韓国に旅行しているほうだったが、このとき初めて「タッカルビ」というものをいただいた。

今では「チーズタッカルビ」というアレンジされたものが日本で大人気になったので知っている人も多いが、タッカルビは春川の名物。鶏肉をメインに、キャベツやサツマイモ、ニラ、餅などを炒めて甘辛いソースで絡めたものだ。江原道は韓国の東北地方で寒冷地。もともとは作物が育ちにくい地域だ。比較的安価で北国で入手可能な食材が中心の料理が多い。

マックス屋さんの前でみなさんと

寒冷地なので北海道同様ジャガイモの産地で、そばの産地でもある。甘辛いたれをかけて混ぜて食べる韓国そば（マックス）、そば粉で作った皮でキムチを包んだ生春巻きに似たジョンピョン、小麦粉ではなくジャガイモの粉で作ったチヂミ（カムジャジョン）など。どれも素朴な味で日本人の口に合う食事ばかりだった。

「ロケ地ツアー」のネタ元

翌日から「冬のソナタ」のロケ地を探して撮影する作業が本格的に始まった。朝6時半にホテルを出て、まずは南怡島へ。船で島に渡るシーンのキャプチャーも持ってきたので、それに合わせて似た角度で風景を撮影する。「冬のソナタ」で一番有名なメタセコイヤの並木道は、似たような並木道がいくつかあり、特定するのに難儀した。高校時代に雪だるまを作ってキスをするシーンのベンチも、撮影時の場所にそのまま置かれているとは限らず、ドラマで映っていた背景を照らし合わせながら島中を歩き回った。

春川市内もそうだ。２人で高校の塀を乗り越えるシーンなど、撮影で使われた春川第一高校のどの塀なのか、背景から特定していった。市内の商店街で待ち合わせしたシーンも、似たような場所がいくつもあって、ドラマに映っているのが何番目の街灯だから、これ、というふうに特定させた。ドラマの冒頭で高校時代のチェ・ジウが実家から走り出してくるシーンも、古い住宅街に似たような家が密集していて、あっちに行ったりこっちに行ったりと、私が迷うたびに全員が付き合ってくれた。そうやってあらゆるロケの場所を特定していった。

翌年、友人が春川に行ってみたいと言うので案内したところ、春川市は、私と一緒に回ったロケ地と地図を掲載した日本語のパンフレットを観光案内所で配っていた。聞くところによると、私が訪ねた直後に日本の旅行会社がやって来て、ロケ地ツアーを企画していると言い下見をして帰ったそうだ。その後、日本で大ブームが巻き起こり、大勢の日本人が訪れるようになる。私と一緒にロケ地探しをした担当者がロケ地巡りのパンフレットを作成したようだ。そのパンフレットを見たとき、暑い中、あちこちをみんなで「ああでもない、こうでもない、いったいどこだ」と歩き回って苦労させてしまったけれど、迷惑を掛けたばかりではなかったとうれしくなった。

市内のロケ地を巡っている途中で、ドラマに登場した春川駅にも立ち寄った。当時の春川駅は「冬のソナタ」に登場したままの姿で、思わず声が出るほど感動した。これを紹介したら、ドラマにハマった人は同じように感じるだろうとワクワクした。残念ながら数年後、３回目に春川駅を訪れたときには建て替え工事が行われたあとで、ドラマに出てきた昔の三角屋根の姿ではなくなってしまっていた。

　また、当時は春川駅前には高い塀がつらなる米軍基地があった。ドラマでは塀の前を登場人物が歩いているところが登場する。駅前の一等地になぜこんな無機質で刑務所のような壁があるんだろうと不思議に思っていたが、ずっとあとになって、基地だったと知った。春川の米軍基地は２００５年に韓国に返還され、ＰＭ２・５を遮断するための森を作るというニュースを数年前に見たが、今回、本を書くにあたって調べてもらったところ、まだ再開発は行われていないそうだ。

2003年7月当時の春川駅

朝鮮半島は北緯38度線で南北に分断されているが、実は江原道という県は38度線を超えて南北に広がっている。そのため江原道の部隊は韓国軍の最前線の一つだ。江原道は世界で唯一分断された県といわれ、北朝鮮側にも江原道はつながっているのだ。私が初めて訪れた2003年当時から、冬季五輪誘致の準備をしていたか、すでに誘致をしていたかで、「分断された県で平和の祭典を」という映像を江原道庁に行ったときに見せてもらった。2018年に平昌五輪が開催され、「あれがこうなったんだ」と感慨深かった。

ポラリスネックレス

江原道2日目の夕方、春川市の担当者と別れ、一行は車で龍平リゾートへ。夜でも撮影できるホテル館内の撮影を数カ所終えたときには深夜の0時になっていた。その日は龍平リゾートで宿泊。翌日も朝9時から始動し龍平リゾート内を見て回った。龍平リゾートでは、日本語のできる担当者が一人付いて、リゾートの中をくまなく案内してくれた。しかし龍平リゾートには、ドラマの撮影から1年半くらいしかたっていなかったのに、「冬のソナタ」を感じられる場所が少なかった。

例えば、ドラマでは雰囲気のいいレストランとして登場する場所が、倉庫になってしまっていたり、コンサートが行われた場所も雰囲気がまったく変わっていたり、当然ながらペ・ヨンジュンが演じたイ・ミニョンの宿泊部屋として使われた客室にも何も案内表示がなかったりといった具合。担当者も「日本人はほとんど見たことありませんが、ここまで来ますかねぇ?」と言っていた。こんな調子ではせっかく日本人が来ても残念がるだろうと思っていたら、そこは対応の早い韓国人。ありえないほどたくさんの日本人がロケ地ツアーで訪れるようになると、ちゃんと日本人観光客仕様に変更したようだった。

龍平リゾートでは、他にはないものを売店で見つけた。「冬のソナタ」に登場する重要アイテムの「ポラリスネックレス」だ。ネックレスは素材違いで値段が松竹梅と3種類。一番安いのはホワイトゴールドのメッキ、二番目はキュービックジルコニア

（人工ダイヤモンド）。三番目はホワイトゴールドダイヤモンドだった。

売店にたくさん置いてあったのは、ほとんどが一番安いもの。たしか、千円、一万円、三万円、という値段だったと記憶しているが、一番高いものは2個しか置いていなかった。その理由を案内の担当者に聞いたら、「そんな高いもの、誰も買いませんよ」と言う。私は「日本人が来るようになったら、一番高いものから売れていくはず。高いものを中心に仕入れておいたほうがいいですよ」と話した。私は一番安いものを購入し、読者プレゼントとして紹介することにした。そのあとどうなったか確認はしていないが、1年後くらいにこのポラリスネックレスを輸入販売する会社が日本に現れた。今回、ネットで検索してみると、今も中古品で5万円ほどの値段がついて販売されていた。

龍平リゾートは15年後の2018年、平昌冬季五輪の会場になったが、今はほとんど日本人は訪れないらしい。

「秋の童話」ロケ地と江原道の観光地

龍平リゾートに向かう途中、「秋の童話」でヒロインが働いているという設定で使われた「フェニックス・パーク」というリゾートに立ち寄った。夏はゴルフ、冬はスキーが楽しめるホテルとコンドミニアムのあるリゾートだ。その時は気づかなかったが、今回確認のために調べていたところ、ここがまさに平昌だったのだと知った。当然、スキー場はオリンピックの競技場として使われたようだ。

当時は龍平リゾートが大規模リゾートホテルとすると、フェニックスは収容人数が中規模の新興のモダンなコンドミニアムといったふうに見えた。その後、済州道（チェジュド）などいろんなところでこのタイプのリゾートコンドミニアムを見るようになったので、ここはそのはしりだったのかもしれない。

最近は龍平リゾートに近い東海岸の町、江陵（カンヌン）というところの海岸沿いにはおしゃれなカフェが立ち並んでいてカフェ通りと言われているらしい。江原道にはずいぶん行っていないので、今また行ってみたいと思っている場所の一つだ。

江原道3日目、観光公社のおすすめの観光地であり、韓国の名峰・雪岳山（ソラクサン）を目指した。

その前に、海産物で有名な束草（ソクチョ）をはじめ、「秋の童話」のロケ地を数カ所撮影して回った。観光公社の担当者から、「『秋の童話』のロケ地も行きましょう」と言われていたので、「秋の童話」のキャプチャーも準備していき、ドラマに登場した場所をピンポイントで撮影できた。このあたりはもともと特産品も多く、韓国人の好きな観光地でもあるが、その後、日本人向けのロケ地ツアーもできた。

この中で私が気に入ったのは、束草の漁村にあった渡し船「ケッペ」だ。船とは言うものの手動の移動板といった構造のもので、両岸に鉄製のロープを渡して、そこに

束草の渡し船「ケッペ」の上で

浮き板を通し、乗っている人がロープを引っ張ると板がどっちかの岸に寄っていくというものだ。単純だが見たこともない構造で、橋を渡すのではなく手動で浮き板を移動させるものが日常的に使われていることが不思議だった。

また、束草の少し南にある襄陽（ヤンヤン）郡は、韓国随一のマツタケの名産地。今はどうか分からないが、当時、日本で流通していた韓国産マツタケはほとんどがここで採れたものだった。この地域にはマツタケの定食屋さんが多く、海も近く、山海の食材が食べられる食の宝庫だ。

雪岳山での宿泊はケンジントンホテルといって、これまでと打って変わって重厚で品のあるイギリスの雰囲気を醸しながらも山小屋風でもある立派なホテルだった。当時の韓国の地方には、外国人が宿泊できるような場所があまりなかった。最近は日本でも「民泊」という言葉は普通に使われるが、韓国では以前から普通の人が地方で宿泊する場合には「民泊」がよく使われていた。そんな中で珍しいこのクラシックな西洋風ホテルは政治家や有名人に使われたそうだ。

江原道の行程4日間を終え、最後は江原道の中ほどの東海（トンヘ／日本海）沿いにある襄陽国際空港に送ってもらった。襄陽国際空港は、私も聞いたこともない空港だったが、私が訪問した前年に開港した空港で、便数も少なかったのだろう。私が行ったときもほとんど客がいなかった。その後も客足が伸びず、そうこうしているうちに翌2004年には金浦便を廃止してしまったらしい。平昌五輪のときにニュースで襄陽国際空港に言及されているのを見たので、なんとか復活したのだろう。ピカピカで人のまばらなその空港から金浦空港に向かい、帰国した。

第2章

韓流到来

日本人の変化

今は韓流の第4次ブームといわれている。しかし「冬のソナタ」から始まったあの数年間は、今いわれているブームとはまったく様相の異なるものだった。当時の「冬のソナタ」から生まれた韓流は歴史を変えたと言えるだろう。熱量や社会的影響も今の「ブーム」とはまったく違うように思える。韓国文化を好きな人が少しずつ増え裾野が広がって進化しているのは実感できるので大げさに反論する気持ちがあるわけではないのだが、あの最初のうねりのようなブームと同列に「何番目のブーム」と言うのは、私には少し違和感があるのだ。

創刊号を出したあと、読者からのはがきが毎日山のように編集部に届いた。オフィスによくあるA4のコピー用紙が納品されるときに入っている段ボールに、届いたはがきをとりあえずどんどん入れていったら、10箱以上になったと思う。ほとんどが50代から80代の女性で、「韓国にこんなすてきな人がいるなんて」「韓国は怖い国だと思っていました。とてもすてきなところだと、初めて知りました」といった、韓国に対する見方が180度変わったという内容が一番多かった。

それまで日本人の韓国や韓国人に対するイメージは、70年代から80年代の学生運動と取り締まり、軍事政権下の戒厳令に夜間外出禁止令など、テレビのニュース映像から伝わる政情不安だった。私が特に印象に残っていて衝撃だったのは、1973年に東京で起きた金大中（キム・デジュン）元大統領（当時は民主化運動家で71年の大統領選候補）の拉致事件だ。平和と発展をすでに手に入れていた日本人にとってはまるでスパイ映画のような事件で、「こんなことが現実の世界で、しかも日本で、起きるんだ」と子供ながらに思ったことを今でも覚えている。

そもそも日韓の間には複雑な感情がある。35年もの植民地時代があり、日本国内には在日韓国・朝鮮人も多い。一番近い外国であり、外見はそっくり、古くは中国の影響を大きく受けた同じ漢字文化圏で文化的にも似ている。日本人側からすると、近い過去にひどいことをしたという黒歴史を抱えており、韓国人もひどいことをされたという記憶がある。何事もなかったかのようには振る舞えないから、一般の日本人にとっては「近くて遠い国」だったのだ。

第二次世界大戦後、日本は民主化しアメリカの保護の下、急速に経済発展を遂げる。韓国は、日本に対して嫌な思いを抱きながらも、アジアで唯一の先進国となった日本に追い付き、追い越せと日本を研究し、努力してきた。一方で日本人は周囲のアジア各国に見向きもしなかった時期が長かった。「冬のソナタ」が登場する前は、韓国に対してはイメージどころか、何も知らない、無関心な人が圧倒的多数だったように思う。それが、「冬のソナタ」が登場した途端に、日本人の態度が一変したのだ。

前述したように、私は実はそれほどエンタメに関心もなく、芸能界にも興味がなかった。しかし、このたった1本のドラマが、政治や経済ができなかったことを一瞬でやってのけたのを目の当たりにして、文化は、政治も、経済も、宗教も成し遂げられないことをやれるのだと初めて知った。これが、日本人に向けての韓流雑誌を作るという私の原動力であり、重要なコンセプトとなった。

パク・ヨンハ、日本デビューのきっかけ

２００３年7月10日、ソウルに着いたその足で、ソウル支局にあいさつに行った。そのとき、それ以降ずっとお世話になることになるソウル支局の現地記者、甘素栄さんと初めて会った。そしてソウル最終日の13日、彼女は仕事が終わったあと、私の泊まっているホテルまで来てくれた。

私はソウルでレコード店に寄り、ドラマのオリジナル・サウンドトラック（ＯＳＴ）ＣＤや、韓国ドラマのＤＶＤなど、ドラマに関するものをいろいろ購入した。読者プレゼントや資料にするためだ。

ソウルに行く前、私は趙さんから「韓国で今人気のドラマ」だと紹介された「オールイン」にハマっていたので、そのＯＳＴを見つけて喜んで購入した。それを見た甘素栄さんは、びっくりすることを教えてくれた。「『オールイン』の主題歌を歌っているこのｗｈｏという歌手は、『冬のソナタ』のパク・ヨンハですよ」と言うのだ。

パク・ヨンハは、ＯＳＴ上では「ｗｈｏ」という名前でクレジットされており、正体を明かさない歌手、ということで参加していたようだ。パク・ヨンハの歌ったその曲は、ドラマの中で何度も繰り返し流れ、重要なシーンの背景には必ずと言っていいほど流れるので、ものすごく印象に残っていた。

彼女がこのとき私にその話をしてくれたことが、のちにパク・ヨンハの日本ＣＤデビューにつながったといえる。

２００３年の年末は「冬ソナ」ブームが沸き立っていた。９月に終了した「冬のソナタ」だったが、ＮＨＫには再放送を求める電話などが過去に例がないほどたくさんかかってきたという。結局、年末に一挙再放送されることになり、１回目の放送を見ていなかった人だけでなく、見ていた人もまた見て、ハマる人が続出した。このブームを感知した日本のレコード会社の人たちは、韓国ドラマのＯＳＴの権利を購入し始める。

そんな中、ポニーキャニオンの企画ものを製作する部署の人が私を訪ねて来た。「韓流ブームでたくさんの雑誌が出ているけれど、自分の知っている出版社はほとんどない。そんな中、共同通信社は『ＦＭｆａｎ』を発行していて旧知だし、ちょっと話を聞きたくて来た」というのだ。「このブームを捉えて、何かしなければ」ということだった。

まだ「オールイン」は日本で放送されておらず（ＣＳ放送やケーブルテレビで見られる韓国専門チャンネルＫＮＴＶで放送されていたようだが、当時の日本人でＫＮＴＶを契約している人はほとんどいなかった。私が見たのは、在日の人が私的に録画したビデオだった）、ほぼ誰も知らなかった。また、ＮＨＫが２００４年４月からＢＳで「オールイン」の放送を予定しているとはこのとき知るはずもない。それでも私は甘さんから聞いたパク・ヨンハの主題歌の話が衝撃的だったし、パク・ヨンハは韓国ではまだまったくスターでもなかったので、来日もしやすいだろうと考えていた。

そう思っていたところにちょうどレコード会社の人が訪ねて来た。私はその方に、

「実は、イ・ビョンホンというスターが主役の『オールイン』という大ヒットドラマがあるのですが、そこでとてもいい主題歌を歌っているのが、『冬のソナタ』の準主役のパク・ヨンハなんです。名前は伏せてCD化されているので、あまり知られていないようですが。うちの会社ではどうすることもできませんが、ポニーキャニオンさんなら、日本でデビューとか可能ではないでしょうか？　主役のペ・ヨンジュンと同じ事務所なので、ぜひ事務所に連絡してみてください」と話した。

その後、さっそくその方は行動したのだろう。そのあと、2004年6月にパク・ヨンハがポニーキャニオンからデビューすることになった。そういう縁もあり、パク・ヨンハのデビューの日、「もっ韓」は彼がホテルを出てライブを行うまで、単独で密着取材をさせてもらった。

ところで、冒頭から「もっと知りたい！韓国TVドラマ」を「もっ韓」という略称で書いているが、これは読者の方々から自然発生的に生まれた愛称だ。創刊して2年ほどたったころ、読者からのたくさんのはがきの中に「もっ韓」という文字が増えた。スタッフからも「ネットの書き込みにも『もっ韓』って書いてありますよ」と教えてもらった。読者に呼ばれる愛称のまま、スタッフが自分たちの雑誌のことを「もっ韓」と呼び始め、そのあとその略称が定着した。

私としては、ちょっと語感がイマイチだなと思うのだけれど、読者から自然発生的に愛称をつけてもらえたことに感激したし、とてもありがたい。ということで、今も引き続き使わせていただいている。

ヨン様、動き出す

「冬のソナタ」の大ブレークのあと、満を持してペ・ヨンジュンが来日したのは、「冬のソナタ」の最初の放送から1年後の2004年4月3日。羽田空港に五千人のファンが詰め掛け、リニューアル前の狭い羽田空港の国際線ターミナルは道路までファンが埋め尽くし大パニックになった。羽田空港にこれだけのファンが詰め掛けたのは史上初。それ以降、韓流トップスターの入国は、警備や動線を確保しやすい成田空港にするよう当局から指示があったといわれている。

ペ・ヨンジュンの来日までに、NHKが「冬のソナタ」を放送したのは、まずはBSで2003年4月3日から9月4日に1回目。その後、1回目の放送を見逃した人も含め再放送の要望が高まり、同じくBSで同年12月に2回目の計2回。それでも視聴者の要望が収まらず、NHKは2004年4月から地上波での放送を決める。たった2回の放送でも、どんどん「冬のソナタ」のファンは増え続け、「ヨン様をひと目見たい！」という熱いファンの来日への期待も最高潮になっていた。

地上波の放送が決まったとき、NHKの広報担当の方が私に「地上波での放送は、BSでの放送とはまったく違うレベルですよ。とんでもない数の人が見ることになるから」と教えてくれた。

1冊目を2003年8月に発行して、2004年2月の2冊目発行までに、韓国の協力者を通じて私もペ・ヨンジュンに何度もインタビューの依頼をした。おそらくNHKも、考えられないほどの熱い反響があったので、来日や取材のオファーを何度もしたと思う。しかしペ・ヨンジュンはなかなか要望に応えてはくれなかった。

取材依頼のためにずっとペ・ヨンジュン側と接触をしてくれていたミュージックライフの韓編集長が当時話していたのは、本人は日本の反響は聞いていて、どのタイミングでどのように表に出るか考えているようだ、といったことだった。初来日の4カ月ほど前の2003年11月30日にソウルのウォーカーヒルホテルで初の日本人向けファンミーティングを行ったのも、日本の反響はどの程度のものなのか、自身で確認したかったからではないか、とも聞いた。

ペ・ヨンジュンは当時から、ブランディングも、マーケティングも、マネジャーや事務所に任せず自分自身で考えていると聞いていた。「俳優よりも制作側をやりたかった」と発言したことがあるといわれていたが、その後の事務所経営や事業への投資などの辣腕ぶりを見ると、事業の才覚のある人なのだろう。

韓編集長によると、1回目の「冬のソナタ」放送のあと、日本から取材やイベントのオファーが山のように来て、時間がたてばたつほど増え続けることにマネジャーが対応に困り、ペ・ヨンジュンに「兄さん、こんなに多くの人たちから依頼が来てるのだから、今、オファーを受けるべきではないですか」と進言したところ、ペ・ヨンジュンは激怒したらしい。直接見たわけでもないので真偽は定かではないが。

マネジャーからすれば「人気が高まっているうちにオファーを受けないと、ブームが過ぎ去ってからでは遅い」と考えてのことだろう。しかしペ・ヨンジュン自身はじっくり考えタイミングを計っていたようで、あまり言葉で説明するタイプの人ではないということもあり、そういうちょっとした行き違いがあったそうだ。その後、大成功したペ・ヨンジュンは、尽くしてくれたマネジャーに相当な感謝を込めた対応をしたとも聞いた。

NHKの地上波放送が始まるタイミングで初めて来日するという判断は、ペ・ヨンジュンの価値がピークに近いほど高まった時点での登場であり、大正解だったとしか言いようがない。取材する側からすると、鉄壁の守りでなかなか取材を受けてくれず苦労したが、ペ・ヨンジュン側からすれば、彼は完璧にセルフプロデュースのできる人で、一流のプロデューサーだといえる。

ペ・ヨンジュンは２０１５年7月に42歳で結婚し、それ以降、一切公の場に出ていない。２００7年のドラマ「太王四神記」が主演としては最後、２０１１年にパク・ジニョン（Ｊ．Ｙ．Ｐａｒｋ）と一緒にプロデュースしたドラマ「ドリームハイ」に少し登場したのが俳優としての最後だ。引退すると宣言したわけではないし、日本向けの公式サイトを閉じているわけでもないが、もう10年以上も俳優業をやっておらず、復帰はほぼないだろう。

もともとペ・ヨンジュンは多作なタイプではなく、出演作が少ない。「冬のソナタ」以降も、前述のドラマ２本と映画２本のみ。韓流人気が高まって、何人ものトップスターが登場したが、彼らは40代後半から50代のベテランの域に達した今も「俳優」を続けている。一方でペ・ヨンジュンはまだまだ熱いファンがあふれるほどいるのに、あっという間に表舞台から去ってしまった。

その確固たる信念はすごいものだと思う。２０１３年末に、「韓流10周年」と銘打ち、私を含めた業界の数人が中心となって声掛けしイベントを開催したとき、「ヨン様」が登場しないと韓流の記念式典の形にならないと、当時のペ・ヨンジュンの日本事務所の方が必死に動いてくれて、やっと来日してもらえたということもあった。それが最後だったと思う。ほかの芸能人であれば、あまり公の場に出てこない人でも、誰かの映画の舞台あいさつなどがあれば会場に登場するなど、たまに顔を見せることもあるが、彼の場合はそういうことがほとんどない。

本人自身に何ともいえないオーラと魅力があり、登場すれば誰もが見たい人なのに、それを自覚しつつも自分の信念を厳しく守り自制する。並大抵の精神力ではないと思う。そういう点でも「ヨン様」は、なるべくしてなった人なのだ。

「韓流四天王」の登場

２００３年8月に発売した創刊号があまりに大きな反響を呼び、１万部売れればペイする収支計画だったものが最終的に6刷約20万部売れたので、会社は非常に儲かった。私としては、１冊だけムックとして出すつもりだったが、会社からは「第２弾は出せないのか?」と言われるようになった。すでにもともと作る予定だった海外ドラマのムックを準備しておりライターにも依頼して進めていたので、それを止めてまた韓国ドラマムックをゼロから作るのは難しかった。そのため、年末に海外ドラマムックを出し、その後、明けた２００４年2月をめどに第２弾を発行することにした。

第2弾で巻頭に何を持ってくるか考えていたとき、ミュージックライフの韓編集長に相談したところ、ミュージックライフで使ったペ・ヨンジュンの素晴らしいスタジオ撮りの写真が使用できると連絡をもらった。これがあるなら、巻頭はペ・ヨンジュンの大特集が組める。その写真がすてきだったので、今度はビジュアル押しの本にしようと考えた。ほかにも数人のカッコいいスターをスタジオでオリジナルで撮影して巻頭に並べるというものだ。

私の念頭にあった第一のスター候補は、「冬のソナタ」の次にハマったドラマ「オールイン」の主役、イ・ビョンホンだ。「オールイン」は2004年4月からNHK－BSで放送が始まるのだが、このときはまだ決まっていなかった。「オールイン」は、「冬のソナタ」が日本で放送される直前、2003年1月から4月に韓国で放送され、大ヒットしたドラマだ。在日の人の間でも大人気だったそうで、それで趙さんが「冬のソナタ」の取材の打ち合わせのとき、そのビデオを私に貸してくれたのだ。私は大ハマり。そのときにはペ・ヨンジュンよりもイ・ビョンホンに肩入れしていたほどだった。

創刊号の準備をしていたときに「冬のソナタ」と同じ監督の作品で、韓国や中国では「冬のソナタ」よりヒットしたという「秋の童話」も見た。主演俳優はソン・スンホンという歌舞伎役者風の端正な美男子だったが、私の目に留まったのは、そのライバル役として登場したウォンビンだった。

これで3人。あと1人入れたいな、と思って、甘記者ら韓国人女子に聞いたところ、韓国で国民的スターといえば、圧倒的にチャン・ドンゴンだという。「冬のソナタ」よりも前に日本で初めて地上波キー局で放送された韓国ドラマがあり、それがテレビ朝日が関東ローカルで２００２年の秋ドラマとして放送した「イヴのすべて」だった。そこに王子様的主要人物で登場していたのがチャン・ドンゴンだ。

私は「冬のソナタ」の前にこの「イヴのすべて」をすごく熱心に見ていて、もともと全20話なのを日本の地上波ドラマに合わせるため10話に縮めて放送されたと知り、放送終了後、テレ朝の広報担当者に「オリジナルの20話を再放送する予定はありませんか？」と聞きに行ったほど。そういうベースがあったので、その3カ月後にNHKで春から韓国ドラマを放送すると聞いたときに興味を持ったのだ。私が初めて見た韓国ドラマが、この「イヴのすべて」だった。

自分の見た数少ない韓国ドラマに出演した俳優の中だけで完結してしまったが、とりあえず候補はそろった。次はオリジナルの撮影をするための取材依頼だ。ペ・ヨンジュンは無理として、次は大物イ・ビョンホン。難関だろうと思っていたのに、今では信じられない話だが、彼は二つ返事でOKをくれたのだ。

イ・ビョンホンは4人の中でも俳優として最も活躍しており、韓流旋風が巻き起こる前の2001年に日本でも公開された大ヒット映画『JSA』の主演俳優だ。しかしまだ韓流嵐の前だったので、韓国人俳優に対する日本人の興味は薄く、プロモーションで来日したにもかかわらず取材媒体も少なく、取材場所も映画配給会社の会議室という質素なものだったそうだ。おそらくそういった経験があるのは彼が唯一で、日本からの取材依頼にも誠実に対応してくれたのだと思う。取材当日も、予定時刻の30分前にマネジャーよりも早く到着して、取材の準備を待ってくれていたと聞いた。現在もイ・ビョンホンは、自分の出演した映画のプロモーションには必ず出席し、取材にも対応してくれることで有名だ。

チャン・ドンゴンは、韓国観光公社のツテで、ホテルでの取材会に参加させてもらうことができた。インタビューは甘記者にお願いしたが、甘記者が喜んだ（緊張もしたと思うが）のは言うまでもない。

ウォンビンは直接取材はできなかったが、ミュージックライフの写真が使えることになり、記事もウォンビンに直接取材したことのあるミュージックライフの記者に依頼した。

これで私がほぼ自分の目線で選んだ４人を無事掲載できるめどが立ち、２００４年2月13日、２冊目の「もっと知りたい！韓国ＴＶドラマ」を発行した。それから間もなくすると、「韓流四天王」という言葉がスポーツ紙に載るようになり、続けてテレビでも取り上げられるようになった。それを見て、私は少し動揺した。今回は私は何も名付けていない。それなのに私が私情で選んだ４人が「韓流四天王」とし

「もっと知りたい！韓国 TV ドラマ」
第２号表紙

て取り上げられているのだ。

当時の韓国には、ほかにもスターはたくさんいた。私が「秋の童話」で選択しなかったほうのソン・スンホンもその一人だ。2冊目で取り上げた4人を「四天王」とするのは、あまりに決めつけすぎでは？と思ったほどだ。しかし、ブームをあおるにはキャッチーな言葉が必要なのだろう。「四天王」と言われ始めてから、彼らの知名度は急激に高まった。

「ヨン様」と「四天王」の経験から、スポーツ紙の影響力の大きさを知った。彼らは「はやりもの」の芽を見つけたら徹底的に調査する。そして大見出しに使えそうな言葉を見つけ出し、ムードを作り出すのだ。おそらく「ヨン様」のときも、スポーツ紙に見初められたからこそあそこまで伝播したのだと思う。

おかげで第2弾はぐんぐん部数を伸ばし、発行部数は30万部を超え、創刊号よりもさらに売れた。「もっ韓」で最大部数売れた号になった。

「韓流」は中国語

韓流旋風は、実はアジアの中で日本が一番遅いくらいで、中国・台湾・ベトナム・タイなど、アジア各国で日本より少し前に同時多発的に起きていた。日本は世界第2位のエンタメ市場で、自国のエンタメも非常に発展しており歴史も長い。一方、まだ発展途上のアジアの新興国にはエンタメ業界がそこまで育っていなかった。そんな中、韓国は金大中大統領の改革以降、文化の発展を強化したことによって多くのコンテンツが作られ、輸出され、日本以外のアジアを席巻した。

韓国にとって、日本はなかなか攻略できない国だったが、「冬のソナタ」が突然、風穴を開けた。「韓流」という言葉自体も、もともとは中国語だ。中国・台湾で起きた韓国エンタメのブームがそう呼ばれたのだ。それを韓国が逆輸入して使っていた。さらにそれを日本が拝借した。私たちが同じ「漢字文化圏」なのだと実感できるエピソードだ。

「韓流」は、「カンリュー」と読んだり、「ハンリュー」と読んだりされるが、「韓流」という言葉が日本のメディアでよく使われるようになったころ、韓国観光公社の声掛けで集まった私たち業界関係者が話し合い、「ハンリュー」と呼びましょう、と決めた。その業界関係者の集まりの名前は「韓流マーケティング委員会」。この委員会を企画して声掛けしてくれたのが、前述した私の最初の韓国ロケ地取材に協力してくれた韓国観光公社の李次長で、メンバーには、当時まだ札幌に住んでいた、現在MCとして大活躍している古家正亨さんや、韓流ナビゲーターの田代親世さん、当時誰よりも韓国ドラマに詳しかったライターの安部裕子さん、ほかには私と同じメディアの人らが数人含まれていた。

その後も「韓流マーケティング委員会」は数カ月に1回開催され、李次長が韓国に帰国したあとも数年、引き続き行われていた。そんなことで、韓流が始まったころに集まったメンバーとは「同じ時代を生きた」感覚があって、今も仲良くさせてもらっている。

韓国発「ファンミーティング」

今ではすっかり日本に根付いた「ファンミーティング」という言葉。当時の日本の芸能界にはそういう言い方はなくて、ファンとの交流は「ファンの集い」「握手会」といったものが普通だった。

日本の芸能事務所に長年いた友人に聞いたところ、アイドルの場合はデビューしてのころはレコード発売に合わせて「握手会」や「サイン会」を開催したりするが、コンサート以外でファンを集めて催し物をやるというのはそう多くないとのこと。しかし事務所や芸能人によっては、ファンとバス旅行をするなどといったこともあるそうだ。ＡＫＢ48が登場したときは「会えるアイドル」だったので、彼女たちはそれまでのアイドルとファンとの距離感とは少し違った。また、最近は純烈のような身近な歌手をコンセプトにしている芸能人もいる。とはいっても、人気が全国区で高まってくると、ファンの数が多すぎて、ファンが少なかったときに比べて一定の距離が出てくるものだ。

私が「ファンミーティングとはなんぞや？」という疑問を持ったのは、私たちが記事にする際、聞き慣れない言葉は日本人に分かるように解説をするか、日本で使われている言葉に置き換えたりするからだ。「これを日本人にどのように伝えればいいのか？」と悩んだのだと思う。

日本は戦後、エンタメ業界が復活し、テレビの登場とともに発展し、今の芸能界の原型が出来上がった。芸能事務所という業態が生まれ、芸能人を育て、テレビ・ラジオなどのメディアに供給し、供給先の番組プロデュースまで受注する、一気通貫で対応できる事務所もできた。（日本の芸能界の黎明期については、戸部田誠氏著「芸能界誕生」に詳しい）

日本は芸能事務所が主体となって、タレントをスカウトし、育て、プロモーションする。アメリカは芸能事務所はエージェンシー（代理店）で、アーティストはクライアント（顧客）という関係だ。クライアントをサポートするための体制を取り、売上の何パーセントかを受け取る。イメージとしては広告代理店のような感じか。

日本は事務所がタレントを丸抱えで「面倒を見る」といった、独自の発展をしてきた。タレントが同じ事務所に長く所属するから、日本独特の「ファンクラブ」という一人（あるいは一組）の芸能人を支えるシステムが作り出されたのだと考えられる。

日本の「ファンクラブ」は、ファンにとっても、芸能人と所属事務所にとっても、メリットのあるシステムだ。ファンにとっては、他では得られない情報を得たり、コンサートチケットの優先購入権がもらえたりするなどのメリットがある。芸能人、所属事務所にとっては、その芸能人を支えてくれる基礎となる人数を確保することができる。コンサートをするにしても、レコードを出すにしても、どの程度の人数が見込めるかによって規模が変わるし、読み違えれば会社として立ち直れないほどの大失敗、大赤字になってしまう。そして、ファンクラブの会員を大事にして組織を維持し続けることで、芸能人として長く仕事を継続できる基礎が固まる。

韓流が日本に入ってきたとき、日本にはすでにかなり発達した芸能事務所とファンクラブという形が事業形態として存在していた。コンサートをするにしても、サイン会のような小さなイベントをするにしても、コストと売上、将来への投資といった企業の経済論理で回っている。

一方韓国は、1987年に民主化され、今のエンタメの形態は80年代後半から始まった。私が初めて「ファンミーティング」という言葉を知ったときに韓国人から教えてもらったのは、基本的に「ファンミーティング」は、ファンが企画してカフェなどを借り、そこに芸能人に来てもらうという形で、経済論理が入り込むような空間ではないということだった。その逆バージョンもあり、「ファンがいつもファンミーティングを主催してくれるから」と、芸能人側がキャンプなどを企画してファンの参加を呼び掛けるといったものもあった。

私はたまたま知人に誘われて、大ヒット映画『シュリ』の主演俳優、ハン・ソッキュの「ファンミーティング」に参加させてもらったことがある。それは、私の知人の友人がハン・ソッキュのファンをまとめる役をしており、毎年開いている集いで、日本人的に言うと「茶話会」のような雰囲気だった。ほんの10人か20人ほどが集まり、ハン・ソッキュの自宅近くの彼がよく使っている店を貸し切って行われた。準備は参加するファンが行い、時間になるとハン・ソッキュが現れ、会話をするというほのぼのとした空間だった。私は当時はまだ韓国語がほとんど分からなかったので、雰囲気だけ味わっての参加だったが。

「ファンクラブ」日韓の違い

２０００年代初めの当時、すでに韓国ではインターネットが十分に浸透していて、誰もが「サイワールド」という自分のホームページのようなものを持っていたほどだった。熱心なファンはポータルサイトのダウムやネイバーに「ファンカフェ」という場所を設け、そこでファンが情報交換をしたりメッセージを書き込んだりしていた。そこが、自然と芸能人を応援する「ファンクラブ」となっていたのだ。「ファンカフェ」の運営者は事務所や芸能人本人からも認知されていることが多く、自主運営のファンクラブながら、「事務所公認」となっていることも多かった。「ファンカフェ」はファンが自ら作るので、同じ芸能人に対して複数できることもあり、事実「ファンクラブ」が複数あるということもよくあった。

私が直接接したのは俳優たちだったので、そういった手作り感のある素朴な状況だったのかもしれない。韓国では90年代後半からアイドル文化が花開き、H.O.T.(エイチオーティィー)など超人気グループが登場した。いわゆる「アイドル第一世代」である。このときに今のK-POPアイドルの原型が出来上がったようだ。

H.O.T.は現在の大手芸能事務所の一つ、SMエンターテインメント(以下、SM)が手掛けた初のアイドルグループで、絶大な人気を誇った。SMは当時から日本のアイドル文化をベンチマークしていたといわれており、H.O.T.には事務所が作った公式のファンクラブがあった。「もっ韓」の元編集スタッフでアイドルに詳しい金志恩(キム・ジウン)さんによると、これが韓国では初めての事務所運営の公式ファンクラブではないかという。しかし一方で、ファン自ら作った「ファンカフェ」も同時に存在し、事務所はそちらも公式として認定していたそうだ。

当時の韓国の世相を描いた大ヒットドラマ「応答せよ1997」で、主人公の女の子がH.O.T.の熱烈なファンという設定で、コンサートの様子も描かれている。それほどの社会現象を巻き起こしたグループだった。

H.O.T.は1996年から2001年まで活動していたが、その間、中国に進出してある程度成功している。日本にもときどき来日していたようだが、日本は韓流前だったのでほとんど知られていなかった。

SMはこの頃から日本進出に何度か挑戦している。女性アイドルグループS.E.S.、男性アイドルグループ神話（SHINHWA）はいずれも韓国の超人気アイドルだった。そんな彼らがそれぞれ1998年と2001年に日本でもCDデビューした。私は韓流上陸前の2001年に「FMfan」の取材で彼らにインタビューしたことがあるが、当時はほとんど読者の反響はなかった。S.E.S.は2002年末に解散したため日本人にはほとんど知られていないが、神話はちょうど日本の韓流が始まった年にSMとの契約が終了したものの2004年には日本で初の単独コンサートを行い、韓流の盛り上がりとともに多くのファンを獲得した。

前述の「FMfan」の取材の前後あたりにZEPP TOKYOでSMのアーティストを集めたライブがあった。インタビューは、ライブの取材とセットになっていたのだ。当時は知らないアーティストばかりで、S.E.S.も神話もそこに出演していたはずだが、ほとんど記憶に残っていない。ライブの最後に、女の子と言ったほうがいいほど幼いアーティストが登場したが、主催者からは「今日、彼女が登場したことは記事にしないように」とのお達しがあった。そのせいで余計、強烈に記憶に残っている。

SMが大事に育て、国籍不明のアーティストといった売り出し方を考えていたようだった。それが、BoAだったのだ。2002年に「冬のソナタ」よりも先に、テレビ朝日で初めて地上波で放送された韓国ドラマ「イヴのすべて」の日本版主題歌がBoAの「ジュエル・ソング」だった。私は当時この主題歌が大好きだったが、日本人の新人歌手が歌っているのだと思っていた。その後もしばらく、私同様BoAを日本人歌手だと思っていた人が多かったのを覚えている。

韓流前は韓国エンタメにとって日本のエンタメ業界はガードが固く、ハードルも高く、なかなか突破できなかった。戦略を変えてその壁を突破し大成功したのは、演歌歌手以外ではBoAが唯一無二だった。

事業化した「ファンミーティング」

韓流が日本に入ってきてから、最初のころは俳優のファンミーティングが多かった。俳優を招致するにあたって、日本に来るためには飛行機チケット、宿泊、滞在期間の食事、日本国内での移動などにもお金がかかる。ソウルに住んで、本人の車でふらっと行くような感覚とはまるで違う。アメリカから芸能人を呼ぶのと同じように日本のプロモーターは動いた。韓流は初めてのことだったので、招聘元にはいろんな業界の人が参入してきていた。ドラマや映画の権利を購入していたレコード会社や放送局、イベント制作会社やコンサートなどを開催する会社、旅行会社等々。

韓流スターはわざわざスケジュールを空けて、「ファンミーティング」というイベントのために準備をしてやって来るので、出演料が必要になる。これがどんどん高騰し、ピークのころは1回の来日、2公演で1億円という話も聞いたことがある。私が韓国で見た素朴でアットホームな「ファンミーティング」は、日本に輸入され、華やかなイベントとなり、経済論理の下で「事業」と化した。

日本が韓流熱狂の渦にあったころ、ファンミーティングのために来日したチャン・ドンゴンが、帰国後に「ファンに大金を払わせるような、それでいて一人一人とちゃんと会えないイベントにはもう行かない」と語ったといううわさがあり、私たち業界の女性陣は「さすがチャン・ドンゴン」と語り合ったものだ。ほかにも、俳優のチャ・インピョも「自分のギャラはなくてもいいので、ファンから高い金額を取らないでほしい」と言ったというのも聞いた。両方とも私が直接聞いたのではなく、あくまでもまた聞きなので真偽は不明だが。

今はもうすっかり「ファンミーティング」はコンサート並みの事業となり、それが標準になっている。韓流は日本に上陸したあと大きくなり、ほぼ韓国国内だけで成り立っていたかつてのように、数十人のファンと一緒に語り合えるスケールではなくなっていた。何十万人もファンがいるのに、数十人しか入れない会場でファンミーティングをすると不公平だしパニックにもなるだろう。経済論理だけでなく、スケールがまったく違う業界になったのだ。

しかし、この間ＫＮＴＶを見ていたら、私が韓国に行き始めたころにトップスターだった歌手、イ・ヒョリが出演する「ヒョリのソウル・チェックイン」というバラエティー番組で、イ・ヒョリ側が準備したファンミーティングの模様が放送されていた。写真展の会場のワンフロアで、ファンと会話したり写真を撮ったりしていた。私はハン・ソッキュのファンミーティングを思い出し、今でもこういった韓国オリジナルのファンミーティングは続いているのだと知った。その国に草の根的に生まれて根付いた文化はそう簡単には変わらないようだ。

韓流が日本にやって来てから、韓国の俳優たちが次々に来日し、「ファンミーティング」を開催した。すると半年もたたないうちに「ファンミーティング」という言葉は定着し、元から日本で言われてきたかのような言葉になった。今では日本の芸能人でも「ファンミーティング」を開催している人もいるようだ。文化交流があって、相手の国の文化を経験し、受け入れれば、こうやって言葉は定着していくんだな、と思える興味深い出来事だった。

まるでカオス。手探りの日本韓流黎明期

「冬のソナタ」のブレーク以降、それまで日本ではほとんど取り上げられることがなかった韓国エンタメに急に注目が集まったため、初期の頃は本当に、あちこちで珍事

が頻発した。

通常、外国人タレントを日本に招聘してイベントを開催するのは、芸能界のイベントに慣れているエンタメ関連の企業が行うことが多い。しかし韓流の場合は日本と韓国という隣同士の国で、行き来がしやすく、もともと韓国籍の人も日本に大勢在住している。韓国語の話せる人も多いので、両国間の情報が伝わるのが早いし、目ざとく商機を逃さない人もいて、異業種から参入する会社や個人も多かった。また、韓国の有力者とつながっている人や団体が日本で仕事をしているというパターンもあり、そのツテでイベントを開催するということもあった。

たしか2004年3月31日だったと思う。当時、大ブレークしていたK－POPスターのピ（RAIN）の会見をやるというので、今は虎ノ門・神谷町周辺の再開発によって別の高層ビルに生まれ変わった虎ノ門パストラルという会場に出向いた。会見場に着くといつもと雰囲気が少し違った。どこかの企業か団体の経済系の会見のようだった。どこが主催した会見だったのか思い出せないが、しばらくすると司会者の紹介でピが登場した。

　たしか司会者が説明していたのは、韓国人のある有名野球選手が日本のプロ野球チームに入り、その観戦に来たピに来てもらったということだった。ということは、プライベートで来日した芸能人に、誰かのツテで頼んで登場してもらったのかもしれない。突然頼まれたのだろうか、ピも居心地が悪そうだった。さらに、そのときの司会者は「ピさんはダンスが非常に上手なので、少し踊ってもらいましょう」と言ったのだ。私はいたたまれなくなった。ピは司会者の横に出て、軽く数分間だが、音楽もない中で踊ったのだ。

　当時のピは飛ぶ鳥を落とす勢いの新生トップスターだった。日本にはまだあまりK－POPが知られておらず、会見場にいたほとんどの人が知らないようだった。記憶がおぼろげだが、今となってはあり得ないことだし、あまりに衝撃的な出来事だったので、そのときの様子が目に焼き付いている。彼の心境は分からないが、当時はまだ22歳の若者。よく分からない状況でも淡々とさらっとこなしていたのが印象的だった。

ピはその後、２００５年7月30日に東京国際フォーラムで日本で初めてのコンサートを開催し、９月に日本武道館で追加公演を行った。２００７年には韓国人歌手として初めて東京ドーム公演を開催。これでこそピ、という素晴らしいコンサートだった。

ほかにも、取材会場でのびっくりな出来事で覚えているのは、ある大ヒットドラマが地上波で放送され、テレビ局が登場人物のうちの一人の男優を招聘し、取材がセッティングされたときのことだ。そのころは韓流誌が雨後の筍のようにたくさん乱立していて、そのうえ一般の女性誌なども韓流を取り上げるので、まさに分刻みで媒体ごとにインタビューのスケジュールが組まれていた。

われわれ「もっ韓」は無事インタビューと撮影を終えたが、同じ日に私たちのあとに取材予定だった媒体のインタビューが突然、中止になった。私はその現場に居合わせなかったのだが、中止になったインタビューを準備していたライターに聞いたところによると、少し前の媒体までは予定通り進んでいたのに、突然、テレビ局の担当者から中止を告げられたらしい。それなのにその俳優は、彼らが待機している部屋の前を悠々と歩いて去っていったそうだ。

結局、そのライターの所属する媒体は、彼のためにとってあったページが全部白紙になり、急きょ別の記事を作って埋めたと聞いた。

どのようないきさつでそうなったのか、真相は謎のままだが、取材を了承した俳優と所属事務所の意思疎通ができていなかったのか、招聘した日本側と事務所の連絡ミスなのか、俳優本人のわがままなのか、何の説明もないままなかったことになってしまった。

ハリウッド俳優たちも驚くらしいが、来日すると、日本は媒体が多く取材スケジュールが分刻みでセッティングされる。徹底したスケジュール管理の得意な日本ならではだろう。どの媒体も自分たちだけのコメントや写真を確保したがるため、招聘した会社はそれらの要望になんとか応えようと頑張った結果、結局各媒体に割り当てられる取材時間は短くなり、質問内容は各社どこもほぼ同じ、という残念なことになってしまうこともよくある。

単なる私の想像だが、日本の俳優は、新ドラマが始まる前のプロモーションは「芸能界の常識」として認識し慣れているが、日本の常識を外国人にあまり説明せずに受け入れてもらうのは難しかったのではないか。そういった日本側の問題もあったのかもしれない。あるいは、韓国の芸能事務所側も、韓国の常識で想定して詳細を日本側と詰めていなかったのかもしれない。さらに、当時の韓国の芸能事務所は組織的に整備されていないところも多く、所属芸能人に丁寧な説明をしていなかった可能性もある。

顔はそっくりだが文化が違う日韓の一般国民の交流が始まったばかり、という時期だった。大きなお金も絡むようになり、いろんな場面で小さなトラブルがよく起きていた。

権利関係の契約でもいろんなことがあった。

あるドラマの音楽に関して、権利者が複数現れたり、ある日本の会社が権利を買ったのに、なぜかほかの会社にも売られようとしていたり。

「冬のソナタ」に関する権利も、誰も見向きもしていなかったころはＮＨＫがオールライツ（すべての権利）を持っていたはずだ。だがとんでもないフィーバーが起きたあと、いろんな権利が分解されて、あちこちで「冬のソナタ」に関する二次商品が出来ていた。パチンコ台にまでなったのは、記憶にある人もいると思う。これについて、「冬のソナタ」を制作したユン・ソクホ監督は私に「パチンコは僕はまったく関係ないんですよ」と苦笑いしながら話していた。そもそも監督は「冬のソナタ」に関する権利はほとんど持っていないのではないだろうか。日韓関係に大きな風穴を開けた功労者でもあり、主演俳優のペ・ヨンジュンは大金持ちになった。私たちもそれで事業をさせてもらった。そう思うとなんとも言えない気分になったことを覚えている。

第3章

韓流ビジネスの拡大

ブームはいつまで？

２０２３年現在、今また韓流ブームが起きているといわれている。韓流の勢いにはこれまで何度も波があって、上がったり下がったりしてきた。私たちの雑誌業界でいえば、「冬のソナタ」から5年ほどで、だんだん売れ行きは鈍ってきた。とはいっても、「冬のソナタ」でハマれなかった人がファンになったり、「冬のソナタ」ブームはあまりに強烈だったので一歩引いて見ていた人があらためて韓流ドラマを見てみたら面白くてファンになったとか、全然興味がなかったけどたまたま見たらハマってしまったなど、裾野は広がり続けていた。

コロナ禍で大ヒットした「愛の不時着」のヒョンビンの出世作「私の名前はキム・サムスン」（05年）や、２０１６年に大ヒットした「トッケビ」やパンデミックを描いたヒット映画『新感染』に主演したコン・ユの出世作「コーヒープリンス1号店」（07年）など、今でも〝名作〟といわれるドラマがヒットし、韓流全体が浮上することもあったが、意外と状況が一転することはなく、2010年（日本での放送）に「美男〈イケメン〉ですね」が登場するまで、まああの低空飛行が続いた。

「冬のソナタ」で大ブームが起きたあと、私は取材や打ち合わせで韓国に行くことが増え、韓国の制作会社やテレビ局のドラマ関係者に会う機会も多かった。そこで必ず聞かれたのは、「ブームはいつまで続きますか？」だ。そんな質問に私が答えられるはずもない。そもそもあそこまで大ムーブメントが起きるとは誰も想像していなかったのだ。

2003年から2004年にかけて、あらゆるドラマの放送権やDVD権を購入したいという会社が日本から韓国に押し寄せた。これまで日本が市場になるとは思ってもみなかった韓国の業界関係者は、この日本の韓流バブルがいつまで続くのか、不安だったのは当然だろう。どのくらい続くのかによって、長期的視点で投資してもいいのか、一過性のブームだとしてもどこまで投資額を引き上げられるかなど悩んだことだろう。ドラマや映画の制作は相当なコストがかかるので、回収の見込みをどの程度にするかによって、作れる作品の規模が変わってくる。

２００３年末から２００４年初めのころは、韓流ブームは３年くらい、と見る人が多かった。ところが２００４年秋からＮＨＫが「宮廷女官チャングムの誓い」の放送を開始し、これまでの現代恋愛物路線とは打って変わって、韓国の時代劇という日本人にほとんど馴染みのなかったジャンルを大成功させたことで、完全に韓国ドラマは日本に定着する方向に向かったと思う。トレンディードラマでもいけるし、時代劇もいける。このころ、日本の韓流をウオッチしていた業界人の誰もが、韓国ドラマの奥深さとレベルの高さ、ますます磨かれていくだろう将来性をはっきり認識したといえるだろう。

ゲームをする人によると、ゲームを継続することによってキャラクターが成長したりレベルアップしたりしていくゲームを「インフレゲーム」というらしいのだが、今回、本を書くにあたって過去を振り返ってみて、韓国エンタメはまるでインフレゲームだと思った。毎年、少しずつアイテムを追加して、ブラッシュアップして、どんどん強くなる。現在、韓国エンタメは世界最強だろう。どうしてこの20年ほどで急激にここまで成長できたのか。

その理由の一つが、最初のころにいろんな人に聞かれた「ブームはいつまで続く?」という感性なのではないだろうか。「今のタイミングを外せない」という焦りと、「もっと大きなことを」という飽くなき欲望が推進力となる。私に「ブームが何年もつか」と聞いた人たちは単に一般知識として聞いていたのではない。日本人がこういう会話をするときは単にあいさつの一部だったりするが、彼らはもっと本気だ。たかが韓流専門誌の編集長に聞いてもしかたないと思うのだが、彼らにとっては自分事で、「自分がどうするか」の判断材料集めなのだ。

日本は成長が鈍化しており超高齢化社会で、社会が硬直化していてチャンスが少ない。逆に社会が安定しているためあまり焦る必要はなく、決めることも始めることも悠長だ。今この瞬間で一気に成功してやろうという気概のある人も少ないように見える。日本の場合、大企業のほうが大きなことができるしチャンスも多いが、逆にそこに所属している安定したサラリーマンほど焦りはないし、リスクを取って頑張っても見返りが小さいのでなかなか一歩前に出にくい。

韓国の場合、優秀な人ほどどんどん転職し独立していく。地上波のドラマ監督はサラリーマンだが、大ヒットドラマを演出すると、方々の制作会社などから声が掛かり、転職したり独立したりしている。ヒットした韓国ドラマの監督で、地上波の放送局に居続けている人は本当に少ない。エンタメ業界だけでなく、一般の企業でも同じようだ。韓国といろいろ仕事をしているうちに知り合ったあるエンタメの会社は、社長も幹部もサムスン出身だった。サムスンといえば、〝韓国はサムスンで成り立っている〟というほどの大企業だ。みんな30歳前後であっさりそこを辞め、独立していたのだ。ほかにも、韓国で一番大きいこれもサムスン系の広告会社から数回の転職を経て、今、日本でＩＴ企業の社長をしている友人もいる。

チャンスとタイミングをモノにするチャレンジ精神

「日本の韓流」というチャンスがやって来たとき、その波に乗ろうと多くの人が動いた。それまでも韓流はアジア諸国で人気だったが、日本とはマーケットの大きさが違う。アメリカに次ぐ世界第二位のエンタメ消費国が、韓国に熱い視線を向け始めたのだ。

具体的には、まずは過去の人気ドラマの放送権・ＤＶＤ権が次々に売れた。その次は最新のドラマだ。韓国の制作会社または放送局が制作し、韓国の地上波で放送したばかり、あるいはする予定のものを日本に売却する。ドラマそのものだけでなく、その周辺のものも売れた。ドラマで流れる音楽をまとめたサウンドトラックＣＤ、ドラマの原作小説や脚本を小説化した書籍類、ドラマ内で登場したグッズ類。バブルはドラマだけでなく、映画のほうにも波及した。さらに、完成物を買うのではなく、ドラマや映画の制作段階から投資をする方法も始まった。また、日韓双方で制作ファンドを作り、制作は韓国の制作会社に依頼する一方で、台本の選択や配役などは日本側主体で決めるといったパターンも出始めた。

そうやってジャパンマネーが流れ込んでくると、制作費が増大し、予算が足りなくてできなかったことに挑戦するようになる。また、日本では常識となっているテクニカルな面も、海外マーケット向けに整備されるようになった。例えば欧米の曲がドラマで使用されている場合、それを日本でそのまま使うと高額の著作権使用料が発生することも多い。また、使用許可が下りないこともある。そういった場合は日本側または韓国側で音楽の差し替えなどの追加作業をしなければならないのだ。「冬のソナタ」の韓国バージョンを見たことがある人なら気づいていると思うが、NHKで放送された日本バージョンと挿入曲がかなり違っている。このころまでの韓国では、日本ほど外国からの著作権料徴収額が高くなく、著作権のシステムがあいまいな部分もあって、日本の法律や状況に合わせて修正する必要があった。しかしこういったことも日本のバイヤーが著作権関連の適正処理を要求し徐々に改善された。

ほかにも、制作費が増えると映像や音響などの機器も良くなり、制作の時間を十分に取ってじっくりと企画を構想し撮影に入れるようにもなり、それでクオリティーが上がるという面もあった。制作者の制作欲も刺激され、日本やアメリカの映画・ドラマ・マンガ・小説などもさらに研究し、そこからインスピレーションを得て物語を作っていくということもよく行われた。

韓国人は、新しいことに挑戦するのが好きだ。リスクが大きくても、挑戦を選ぶ人が多いように思う。私が韓国に行き始めたころは、韓国ドラマといえば、ホームドラマか、ドロドロの昼メロか、時代劇、トレンディードラマ（若者の恋愛ドラマ）くらいしかなかった。恋愛ドラマは日本のマンガ「キャンディ♡キャンディ」のような物語が王道。貧しく明るく頑張り屋の女の子が、王子様的な男の子と恋愛する。「冬のソナタ」もそのアレンジといえるだろう。

しかしドラマ制作は「インフレゲーム」のように、年を追うごとにさまざまな方面で変化し、成長していった。テーマのバリエーションが増え、脚本や構成が緻密になり、カメラや音声の精度などテクニカルな面が良くなり、著作権処理も世界標準に沿ったものになった。

韓国では、一つのドラマがヒットすると、似た系統のドラマが次々と作られるのも特徴だ。二匹目のどじょうを全員で一斉に狙いにいく。そして少しずつ変化させて試行錯誤もする。ヒョンビン主演の「私の名前はキム・サムスン」のようなラブコメがヒットすると、次々とラブコメが登場した。また同作は、当時はまだ珍しい、女性のほうが年上というドラマだったので、男女の年齢が今までと逆という設定も増えた。社会情勢の変化も取り入れてのことだろう。

２００７年の「コーヒープリンス１号店」もラブコメの系統だが、ここでは男装の女子が登場。どう見ても女子にしか見えないのだが、誰も気づかないという設定で物語は進んでいく。このヒットで男装女子の登場する作品も増えた。２００９年（韓国での放送）の「美男〈イケメン〉ですね」も男装女子のラブコメ。同じく男装女子が今度は朝鮮時代を背景に登場したのが2010年の「トキメキ☆成均館スキャンダル」。これらはすべて日本で大ヒットした。日本人はラブコメが好きなようで、「日本ではラブコメでなければ大ヒットしない」と言う日本の業界関係者もいるほどだ。

投資元の要求に応じて新しい挑戦を重ね、韓国エンタメはさらに磨かれ、世界制覇への道に進んでいったともいえるだろう。

中国市場の台頭

2010年前後になると、中国にテンセントやアリババという巨大IT企業が台頭し始めていた。特にテンセントは、携帯ゲームから巨大化した会社で、若者のユーザーが多かった。技術面でも、スマホがガラケーに取って代わり、携帯電話の回線速度も進化してきていた。

中国ではテンセントを中心に、新興のIT企業が若いユーザー向けにエンタメコンテンツをスマホに配信するようになっていく。検閲で制作に自由度のない国内産のドラマより、どんどん洗練されてきている韓国ドラマのほうが圧倒的に若者に人気があった。若者はドラマをスマホで見る。巨大な人口を抱える中国では、安い値段で配信してもあっという間に収益が上がる。百円で配信しても、人口の1割にも満たない1億人が見れば百億円だ。中国のIT企業がスマホ配信向けにドラマを買い付け始めたことで中国マネーが韓流に流入し、韓国ドラマの世界はまた状況が変化した。中国が名目GDPで日本を抜いたのがちょうどこのころ、2010年だ。

まずは、ドラマの制作時に考慮することが、日本向け一辺倒ではなくなった。日本では、最終的にドラマをDVDにパッケージ化し、そのパッケージ収益が大きい。中国ではパッケージにするつもりはさらさらない。その代わり、スマホで配信しやすいようなフォーマットの変更を求めた。当時、中国では10分や15分で1話という短い携帯向けドラマが人気だった。おそらくこれも、若者が短い動画しか見ないという点もあるが、回線が4Gになったばかりでまだ3Gが中心だったから、まずは技術的な面が理由だったのではないかと私は想像している。

韓国ドラマはだいたい60分から70分くらいのものを1話として制作されている。中国からは、それを10分や15分ごとに分けてほしいという要求があったようだ。日本人から見ると、この無理難題と思えるような要求に対して、驚くことに、韓国の制作会社はあっという間に見事に対応していたのだ。

1本のドラマを撮影し、日本には1話60分から70分のものを渡し、さらにパッケージにするときのためにメーキング映像やインタビュー映像まで準備する。中国向けには、10分ごとに尺を切って提供する。さらに中国は、韓中同時配信（放送）を希望することも多かった。というのも、中国では韓国で放送されたあと、時間を置かずに違法サイトに流れることも多いからだと聞いた。そのため韓国は、韓中ほぼ同時配信にも対応した。この当時、日中韓の中では韓中はほぼ同時に放送（配信）し、日本が最後に放送されるということが多かった。

知り合いのドラマ監督が当時、「10分や15分完結の携帯向けドラマだと、短編制作も可能になる。その場合、中国で人気のある若いK－POPスターでも、3日程度の拘束で済むから、主役としてキャスティングしやすいというメリットがある。長く拘束するテレビドラマだと、彼らは世界中を飛び回っているから、なかなかキャスティングできない」と私に話してくれたことがあった。

この変化への柔軟性、対応力、何が何でもモノにするという気概。これが韓国の強さの一つだろう。おそらく、産業が未熟だったころの日本の組織や経営者たちも、「まずはやってみる」「ダメなら修正してみる」「どうしてもダメならイチからやり直す」という試行錯誤とがむしゃらな姿勢で何事も挑んでいたのではないだろうか。韓流ドラマが世界中で人気なのは、エンタメコンテンツからもほとばしり出る、その人間としての何か熱いものが心に響くからではないか、と評する人もいる。

この時期に中国で大ヒットしたのが2013年の「星から来たあなた」だ。一連のラブコメ路線だが、ファンタジー要素が加味されており主人公が宇宙人で地球で何百年も生きているという設定。

主演女優のチョン・ジヒョンはもともと中国で人気があり、チョン・ジヒョンの顔になりたくて韓国に整形手術を受けに来る中国人がいる、とちまたで言われていたほどの人気女優。相手の男優は7歳年下の若い人気俳優キム・スヒョン。あまりに大ヒットしすぎて、当時、中国でイベントだかテレビ出演だかに招聘されたキム・スヒョンの数時間1回のギャラが1億円といううわさがあった。私たちは「やっぱり人口の多い国には勝てないね」とぼやいたものだ。そんな状況になってしまったものだから、韓流トップスターへの取材はますます難しくなった。世界第2位の経済大国からの転落が、こんなところに影響するのだと実感した。

エンタメ企業の経営体制強化

日本に加え、中国からも大きな資金が流れることで韓国の制作会社がみんながみんな潤ったかというとそうでもないらしく、トップ俳優への出演料が高騰しすぎて、よほど収益が上がるような戦略やプロモーションを考えてやらないと立ち行かなくなったとも聞く。韓国ドラマの制作規模が大きくなりすぎて、制作会社の経営方法も、制作方法も、変化させていかないと生き残れなくなったのだろう。

韓国エンタメ業界の市場規模が急拡大していく中で、俳優やＫ－ＰＯＰアーティストの事務所の体制も急速に近代的になってきたと感じるようになった。それまで俳優の事務所は大手といえば、サイダスという事務所くらいしかなかった。日本の韓流が起こったあと、投資家や大手企業からの資本の流入が加速し、合併や買収が行われた。また２０１０年前後から日本でもＫ－ＰＯＰの市場が拡大し、Ｋ－ＰＯＰの事務所が躍進した。Ｋ－ＰＯＰの事務所が俳優を抱えることも珍しくなくなった。

日本に韓流がやって来た当初は、俳優人気が圧倒的だった。５年ほどたって２００８年に東方神起が紅白に初出場したころからやっとＫ－ＰＯＰが一般的に注目されるようになった。しかしこのころもまだ、一部のトップアーティストに限った動きだった。そのあと、２０１０年を過ぎたあたりから、韓流ブームの世代が下に広がり始め、Ｋ－ＰＯＰのマーケットが大きく動き出したように思う。

そんな中で私が感じたのは、経営陣の強化だ。韓国のトップクラスの芸能事務所は、もともとインテリ層出身の人も多いが、市場拡大していく中で、アメリカでMBA（経営学修士）を取得してきたような、マーケティング、財務、経営の専門家を引き入れてグローバル化の素地を作っていったように見えた。実際、アーティストやクリエイター出身で芸能事務所を創立した社長が退き、自分はアーティスト育成や現場に戻って、経営の専門家に社長を任せるといった経営強化を行っているところもある。

数年前、ＪＹＰエンターテインメント（以下、ＪＹＰ）というＫ－ＰＯＰの大手事務所が年齢・経験・学歴不問のインターン募集を行い、それをリアルバラエティーにした番組があった。その中で、1次だったか、3次だったかの筆記試験に、「ＪＹＰのＳＷＯＴ分析をせよ」というのがあった。私は心底驚いた。私は遅ればせながら50歳を過ぎてＭＢＡ取得のためにビジネススクールに通った（といってもオンラインの大学院）のだが、そのとき初めてＳＷＯＴというのを知った。最近の経営学を学んでいる大学生なら常識なのかもしれないが、それが普通に新入社員の筆記試験になっていたのだ。
「SWOT分析」とは、経営分析の手法（フレームワーク）の一つで、その会社の内部環境（社内）と外部環境（社会）をS（強み）、W（弱み）、O（機会）、T（脅威）の4つのカテゴリーに分けて自社の置かれた現状を分析し、環境変化に対応した組織や事業の戦略作りや意思決定に役立てるものだ。経営コンサルティングが使うこの手法を、入社試験に使うというのが驚きだった。

ほかにも、当時の社長のパク・ジニョンが受験者に対して行う説明や、採点理由なども経営分析そのもので、このとき、JYPがいかに世界的なコンサルティングが行うような分析を行い、論理的な経営と社員育成を行っているかを知った。

大企業になっていく過程で、漫然と資金が流入してくるのをこれまで通り回避させるのではなく、世界化という目標を立てて組織を戦略的に強化したことも、韓流の躍進の大きな理由だといえる。これもまた、世界化の先進国アメリカに追い付き追い越せの精神で、学ぶべき経営方法は学び、取り入れた結果だろう。

中国からの締め出し、新テレビ局の誕生

拡大一方の韓流だったが、危機も訪れた。中国で大量に韓流コンテンツが消費されるようになっていた２０１６年、突然中国で韓国エンタメの放送と配信、コンサートなどを制限する政策が取られることになった。前述の「星から来たあなた」や同じく２０１３年放送の「相続者たち」など、特に中国で大ヒットするドラマが次々と登場しドラマの制作規模も拡大していったが、２０１６年の初めに放送された大ヒット作「太陽の末裔」を最後に、韓流の中国市場が急速に縮小していった。

これは、２０１６年に韓国とアメリカが在韓米軍への高高度防衛ミサイル（ＴＨＡＡＤ）配備に合意したことに対する中国の報復措置の一環だといわれているが、中国はこの文化制裁については報復措置とは明言していない。そのあと、２０１８年に報復措置の解除を中国は表明したものの、以前ほど中国資本が流入するような状況ではなくなっていた。

また、そのころから中国政府による国内の芸能人に対しての取り締まりや、ＩＴ起業家への圧力などが日本のニュースでも取り上げられるようになっていた。中国トップ女優のファン・ビンビンが、巨額脱税が発覚して消息不明になったり（4カ月後に姿を現す）、アリババを運営するアントグループの元会長ジャック・マーが中国政府に不評を買い、グループ会社の上場がいきなり中止されたりといったことがあり、中国国内の文化や事業の自由度にブレーキがかかっているとみられている。

それまで中国で順調に事業を拡大してきた韓流エンタメ企業は、次々と撤退を余儀なくされた。知り合いの制作会社も中国に事務所を置き投資を始めた矢先のことだったが、状況がなかなか好転せず結局撤退するしかなかったと聞いた。

中国市場が拡大している間、私たち日本の雑誌は以前のように主演俳優を取材することがかなり難しくなっていたが、韓中関係が悪化したことで、取材などの点では私たちにとって少し状況が好転したという印象を受けた。とはいっても韓国の企業は相当な痛手を被っていただろうし、一度日本以上の市場を向き始めた韓国エンタメ業界は、ブーム初期のころのような日本最優先ではなくなっていたし、日本の取材を簡単には受け入れなくなっていた。

中国マネーが韓国に流入し始めたころ、韓国国内でも動きがあった。韓国の地上波テレビ局は基本的にＫＢＳ、ＭＢＣ、ＳＢＳの３つだ。韓流ドラマとして大ヒットするドラマは、だいたいそれら３局で夜の枠に週２回ずつ放送されるミニシリーズというものだ。

２０１１年12月、大手新聞社を母体とするケーブルテレビで見られる新しいチャンネルが４局できた。中央日報傘下のＪＴＢＣ、朝鮮日報傘下のＴＶ朝鮮、東亜日報傘下のチャンネルＡ、毎日経済傘下のＭＢＮだ。これまでも大手新聞社はケーブルのチャンネルを持っていたが、参入規制があり報道やスポーツなど専門分野に限られていた。新しい４局は、報道はもちろん、教養、娯楽など全分野を取り扱える「総合編成チャンネル」というもので、２００９年７月の国会でこの４局の総合編成チャンネルへの参入が認められた。韓国では、国民のほとんどがケーブルテレビに加入しており、地上波の総合チャンネルが４局増えたのとほぼ同じ意味だったといえる。

これは私たち日本の韓流関係者の間でも話題になった。これまでも韓国では放送されるドラマの本数が多かった。前述のミニシリーズ以外にも、ホームドラマや毎日放送されるドロドロものだったり、大河ドラマなどもある。

また、サムスン系列から分離して始まったエンターテインメント大手、ＣＪ ＥＮＭ傘下のケーブル局ｔｖＮが２００６年に開局しドラマ放送を始めていた。そこに４局が加わったのだ。制作陣が不足するだろうから、地上波の有名監督や人気脚本家は引っ張りだこになるだろうし、引き抜きも起きるだろう。それによって制作費がまた高騰する可能性が高いといわれていた。

日本の韓流が起きてから市場価値の高まった韓国ドラマという事業は、地上波３局＋ケーブル局ｔｖＮ＋ケーブル局総合編成チャンネル４局と、チャンネル数も倍以上になり、「工場を次々と増設して増産体制に入った」というふうに見えた。

ＩＴ革命と韓流エンタメ

韓国は２０００年代にインターネット環境において世界で群を抜いていた。アメリカよりも環境が整っているといわれていた。ＥＣ（ネット通販）や検索エンジンなども発展し、当時は韓国でアマゾンで物を買う人は見たことがなかったが、韓国のＩＴ企業、ネイバーやダウムで誰もが何でも買っていた。

私は一時、ソウルにワンルームを借りていたのだが、そのときに移動手段として自転車を使いたいと思ったことがあった。ソウルのスタッフにそう話すと、「ネイバーで買って、マンションに届くようにしておきます」と言われた。数日後、本当に自転車がマンションに宅急便の荷物のように届いており、管理人さんが荷ほどきしてすぐに乗れるようにしてくれた。そもそも韓国はあまり自転車社会ではないようだし、ソウルの中心地では自転車屋さんも見掛けたことがない。修理とかはどうするのか疑問だったが、とにかく自転車までネットで買うのだと驚いたものだ。買い物だけでなく、検索も、グーグルよりもネイバーとダウムのほうが使われていた。

　そのようなインターネット環境が世界一整った土壌で、韓国のエンタメは発展していった。日本の場合、ドラマの原作といえば、小説かマンガだ。日本はマンガ大国で、おそらく世界一だろう。韓国のドラマの原作は同じマンガでも「ウェブトゥーン」が多い。ネットやスマホで読むマンガだ。これもインターネット環境が整っていたために世界に先駆けて発展した。テレビ番組のオンライン配信も早かった。

　創刊号を出したころ、甘記者にドラマの予約録画を頼んだことがある。ところが「韓国では、ドラマは録画しません」というのだ。すでにテレビ番組は配信のサービスが完備されており、いつでも見られるようになっていた。よっぽど見たい人は、リアルタイムで見ているという。日本は録画機器がいち早く普及した。韓国では録画機器の普及よりも先に、インターネット時代がやって来たのだ。

　中国も似たような状況だ。テンセントやアリババなどの世界的規模のＩＴ大企業が登場し、市民の生活を変えた。中間層の生活レベルが安定してくるとエンタメの消費が拡大する。電話、カメラ、テレビ、レコード、録画機器、ＣＤと、少しずつ順番に発展してきた日本と違い、いきなり携帯電話の中に全部入ってる状態からスタートしている。

日本でも最近は政府のキャッシュレス普及の掛け声の下、キャッシュレス決済の利用が徐々に増えてきた。キャッシュレス決済の中でも、日本はクレジットカードの利用率が圧倒的に高いが、最近増えてきているのがＰａｙＰａｙのようなＱＲコード決済だ。ＱＲコードは日本で発明されたシステムだが、ＱＲコードを使った決済システムの一番の先進国は中国だ。

中国のＩＴ企業アリババグループが２００４年に中国国内でサービスを開始したのが、アリペイだ。今は日本のコンビニなどでも使えるので、「支付宝」という水色のマークを見たことがある人もいるのではないだろうか。２００８年には1億人が利用するようになり、今は利用者は10億人を超えるといわれている。

私は２００７年に、ＮＨＫが中国ドラマを放送することになったのに合わせて中国ドラマの雑誌を作るため、北京に出張に行ったことがあった。大きな書店で資料本とCDを買おうとしたところ、使えるクレジットカードは中国の銀聯（ぎんれん）くらいで、VISAやマスター、JCBなど日米系のカードは使えなかった。仕方なく現金払いの列に並んだのだが、50人くらい待っていたと思う。たしか1時間近く待ったように記憶している。中国は人口が多いうえに、現金支払いの場合、当時はセンサーか何か光を当てて、真札か偽札かを調べる偽札チェッカーで一枚ずつ紙幣を検査するので、長蛇の列が当たり前だったのだ。

それがQRコード決済が広まったおかげで現金を扱うことはなくなり、偽札チェッカーもなくなったから、清算のために長蛇の列に並ぶことはなくなった。屋台でさえ現金を使わなくてよくなった。むしろ現金は偽札があったりお釣りを用意しなければならないので使えず、QRコード決済オンリーというところも多い。

2019年3月、私はテンセントの本社がある中国ITの街、深圳（シンセン）に行ってみた。そこでは街中にある無人レンタサイクルが、スマホをQRコードにかざすだけで借りられた。これも人は介さずＱＲコードのみ。日本も最近そういったサービスが増えてきたが、ＱＲコード決済を使ったサービスはほぼ10年遅れだ。

未発展の社会がＩＴ技術を導入してインフラの整備された発展した社会を飛び越す状況を〝リープフロッグ〟という。もともと何も整備されていないから、いきなり最新技術を導入して古いインフラを飛び越えるのだ。日本がマイナンバーを古い住基ネットを元にしたり別のシステムで管理されたものに〝紐づけ〟したりするのに失敗ばかりしているうちに、インドはいきなり生体認証を取り入れた国民ＩＤ「アーダール」を２年間で14億人に普及させたのも似たような話だ。

韓国も２０００年代はＩＴで他の先進国を飛び越し、中国もまた他国を飛び越してスマホでドラマを見るのが当たり前になっていた。世界中の人が利用しているＴｉｋＴｏｋも、スマホで動画を見るのが当たり前で世界の中でも先行していた中国で２０１６年にリリースされたものだ。インドやアフリカでもリープフロッグ現象が起きており、特に金融インフラで顕著だ。知らないうちに「日本って遅れてるね」と言われるようになりつつある。

ＩＴ革命を背景に韓国社会がリープフロッグしたことも、韓流エンタメが先行した理由の一つになったのではないだろうか。韓国がいち早く全国民がインターネットを使える環境を整えたことで、エンタメに接する消費者側の行動が変化し、提供側は消費者の変化に対応して制作や提供方法のバリエーションを増やしてきた。そのため、そのあとに始まった他国のインターネットでエンタメを消費する行動に、どの国よりも先行しいち早く対応できたのだ。

韓流とネットフリックス

２０１６年に中国マネーが去る少し前くらいから、韓国では前述の新しくできたケーブルテレビ局の活躍が目立ち始める。日本や中国をターゲットにした恋愛物中心ではなく、自国内の〝ホンモノ〟を求める視聴者をターゲットに見据え、これまで地上波では放送できなかった暴力的要素や性的要素などが含まれたハードなサスペンス物、刑事物、職業ドラマなどジャンル物と呼ばれる硬派で見ごたえのある作品が作られるようになってきた。日本の韓流、中国の韓流を背景に規模を拡大し、クオリティーの高い作品を作るようになった韓国ドラマ界が、その力を自国民の目の肥えた視聴者に向けて、ある意味〝原点回帰〟した作品づくりに注力していた。

２００６年に開局したｔｖＮがその先鞭をつけた。１９９７年の韓国の世相を背景に、当時の中高生やその家族を描いた「応答せよ１９９７」を２０１２年に大ヒットさせた。ラブストーリーだけを主軸にしておらず、型通りのホームドラマというわけでもない。普通の人々の当時の生活を描いた作品だ。ターゲットを絞り、当時中高生だった30代のノスタルジーを刺激した。このシリーズは大人気で、「応答せよ１９９４」「応答せよ１９８８」とシリーズ化され３本制作された。

ｔｖＮはさらに、２０１４年に韓国の学歴社会と就職難を背景に大組織に生きる商社マンの奮闘を描いた「ミセン」、２０１６年にタイムスリップとサスペンスが混ざった刑事物「シグナル」など良作を次々と生み出していた。

地上波ドラマ一辺倒からケーブルテレビの躍進、これが韓国ドラマの世界化への転換期となったと私は考えている。韓国の地上波の放送コードは日本よりも厳しい。一方でその反動なのか、映画は過激だ。私の個人的な好みからすると、韓国の映画は「なんでそこまで描く必要があるの?」と思うほど、グロテスクな部分が必要以上に強調されているものも少なくない。テレビと映画は両極端すぎると思っていたが、地上波の規制を気にせずに放送できるケーブル局の制作能力が上がってきて、この課題を解決した。

tvNができてから、映画的な描き方でクオリティーの高いテレビドラマのバリエーションが増えた。中にはアメリカのドラマに匹敵する、もしくはそれ以上にストーリー性のあるものや、高度な技術を使った作品が登場してきた。それまでも韓国は世界各国への輸出を積極的に行ってきたが、世界中の誰もが見て楽しめる、ハリウッド的な汎用化が進んだと思う。中国マネーは去ったが、次のターゲット、世界への準備が十分に整ったのだ。

韓国ドラマのクオリティーの高さと、アジア圏への影響力に目を付けたのが、ネットフリックスだった。

ネットフリックスは2015年に日本でストリーミングサービスを開始。すでに欧米では成功を収めていたが、「日本ではなかなか広まらない」というのが私の実感だった。日本では地上波とBS、CSのテレビ放送、録画・再生機器、ケーブル局放送など視聴環境が十分に充実しており、当時はまだドラマをインターネットで見る方向に移行する人は少なかった。

韓国ではネットフリックスは2016年にストリーミングサービスを開始。2017年、tvN制作の検察の闇を描いた刑事物「秘密の森」を、ネットフリックスが海外に配信した。このドラマに対する多くの反響を受け、ネットフリックスは本格的に韓国ドラマに投資を開始する。それがネットフリックスオリジナル作品だ。中国マネーが引き揚げたあと、次に流入したのが、エンターテインメントの本場、アメリカ資本だった。

韓国ドラマのネットフリックス初のオリジナル作品は、2019年に配信された「キングダム」。これが韓国国内で大ヒットし、国内でのネットフリックス視聴者が一気に増加した。それまでもネット先進国の韓国では、ネットフリックスに加入しなくてもインターネットで見られる自国作品は十分にあった。「キングダム」のヒットで、韓国でも流れは変わったのだ。

一方日本では、コロナ禍が大きく影響した。一般のサラリーマンが自宅や自室で独りで机の前に座ることが増えた、それまでドラマを視聴する習慣のなかった層を中心に、パソコンでドラマを見る時間ができた。ここに入り込んだのが、ネットフリックスと「愛の不時着」「梨泰院クラス」だ。これによって日本でもネットフリックスの視聴者が突然増え、韓国ドラマ視聴者に新しい層が生まれた。

ネットフリックスは「キングダム」以降、韓国ドラマを次々と制作し、その中の一つ「イカゲーム」は2021年に世界を席捲した。これが、「韓国ドラマがハリウッド製ドラマと対等になった日」だと私は思っている。

配信事業の競争激化

ネットフリックスはコロナ禍では他社に大きく先行していたが、現在は状況がかなり変化してきている。本国アメリカでは、コンテンツを大量に保有しているディズニーとパラマウントがそれぞれ、２０１９年と２０２１年に配信事業に参入した。２００７年にコアビジネスをストリーミング配信サービスに切り替えたネットフリックスとは10年以上もの開きがあり、世界最大級のコンテンツホルダーでありながら、ネットフリックスに大きく水をあけられていた。

しかしディズニーは、配信サービス開始から約1年半でユーザー数1億人を突破。ディズニーもパラマウントも、傘下のテレビ局で放送した番組など系列関連コンテンツのネットフリックスからの引き上げを徐々に行っている。ディズニーらの追い上げのあおりを食い、またインフレの影響もあり、２０２２年にかけてネットフリックスの成長は急速に鈍化する。

最近の報道を見ると、今度はディズニーが配信事業への先行投資などがかさみ、２０２３年第２四半期に大幅な赤字を出した。その一方で、ネットフリックスは第３四半期にコロナ禍以来というほど大きく会員数を伸ばしている。

ネットフリックスのようなインターネットでコンテンツを配信するストリーミングサービスをＯＴＴ（オーバー・ザ・トップ）というが、ネット先進国の韓国ではネットフリックス一辺倒ではなく、他のＯＴＴ会社の配信ドラマも増えている。最近よく聞くのは、ＣＪ系列のＴＶＩＮＧだ。ほかにもカカオＴＶ、クーパンプレイなど複数社がひしめき合っている。

また、アメリカではＯＴＴがコロナ禍に急伸し、既存のケーブルテレビの解約が進み存続が厳しくなってきている。日本でも同じ状況が起きつつある。新旧メディアの興亡が激しい中、配信事業の競争も激しくなってきた。ここ数年の間に世界規模のメディア再編が起きるだろうともいわれており、配信事業だけでなくテレビ局やケーブル局も先行き未知数なことだらけだ。そんな中、コンテンツとしてはディズニーも韓流の取り込みに積極的で、世界的な配信プラットフォーム競争の中で、韓流は当たり前のように重要なアイテムとなっている。

日本の雑誌の苦境

世界をターゲットにしているネット配信事業者は、これまで日本で行われてきたドラマのプロモーションの手順は踏まない。これまで日本で行われてきたプロモーションというのは、ドラマの放送開始前や放送中に主役を雑誌の表紙にして、インタビューやグラビアを掲載し国内で広く周知する方法だ。

韓流ブームの初期にも、ケーブルテレビ局での放送開始や、ＤＶＤのパッケージ発売に合わせて雑誌で特集記事を掲載してプロモーションをしてきた。プロモーションのために、俳優の取材をテレビ局やＤＶＤメーカーがセッティングしてくれるのだ。

しかしネットフリックスは、プロモーションに紙媒体を必要としていない。どんな番組をやっているかも紙媒体で見せる必要はないと考えているようだ。日本の視聴者の中には、どんな番組が配信されているのか、内容や出演者は誰かなどがひと目で分かる、一覧性のある雑誌の特集を必要だと感じてくれている人も多いが、供給側と媒体、視聴者の思惑がかみ合わない。

韓流初期のころのように、韓国という国や文化をほとんど知らないという人が多かったとき、それらを知らせることに重要な価値があった。また知りたい人も多かった。今は時間を置かずに瞬時にネットで情報が得られる。韓国について熟知している人も増えた。「もっ韓」ができて、そのあと韓流専門誌があまた発行された。今はほんの数誌が残るのみだ。また、当時は複数の韓流専門ニュースサイトが活況だったが、今は淘汰されてＫｓｔｙｌｅ一強の様相を呈している。

世界的なメディア企業の再編とはあまりに規模が懸け離れているが、私たち紙媒体やニュースプラットフォームも先行き不透明なのは間違いない。

第4章

世界最強のコンテンツへ

『パラサイト』アカデミー賞受賞の衝撃

２０２０年2月9日、第92回アカデミー賞の作品賞に韓国映画の『パラサイト　半地下の家族』（韓国タイトル『寄生蟲』）が選ばれた。日本で韓流が始まる前から、韓国映画界はいい作品を作り続けていた。日本でも韓流前に『シュリ』や『ＪＳＡ』がヒットしたが、当時の韓国映画には秀作が多い。『パラサイト』のポン・ジュノ監督も、当時から活躍している監督だ。

私が勤めてきた共同通信社では、国内の新聞社や放送局に向けて速報を音声で伝える「ピーコ」と「チャイム」という校内放送のような放送が流れている。「大きい地震が起きた」とか「円が急に下がった」とか、世間が注目する裁判の「判決が出た」とか、そういった新聞やテレビのニュースになるようなちょっと大きめのニュースを速報する。全国の新聞社や放送局にもそれが流れていて、世間に伝えるニュースを選ぶ参考にもされている。「ピーコ」が通常の速報、特に大きい速報は「チャイム」といい、それぞれの速報を読み上げる前に鳴る音が違う。

そのときも「ピーコ」が鳴った。「第92回アカデミー賞作品賞に韓国映画の『パラサイト』が選ばれた」といったようなものだったと思う。「ピーコ」はしょっちゅう鳴るので周囲の人はまったく気にも留めていなかったが、私は一人衝撃を受けてこっそりと感慨にふけっていた。

『パラサイト』はそのときすでに日本で公開されていて、カンヌで最高賞のパルム・ドールを取り、アカデミー賞にもノミネートされたというので友人を誘って映画館に見に行った。アカデミーというところはかなり保守的だと知られているし、非英語作品はオスカーの蚊帳の外だと思っていた。そこに初めて切り込んで受賞を勝ち取ったのだ。ノミネートだけでも本当にすごいことで、まさか受賞するとは思ってもみなかった。

しかし実のところ、過去の韓国映画の秀作と『パラサイト』がどう違ったのか、いずれも素晴らしく私には甲乙付け難い。圧倒的に『パラサイト』が良かったという明確な理由は私には見いだせなかった。映画評論家の方ならもっと分析されると思うが、私は分析の専門家ではないのでよく分からない。それでもアカデミー賞受賞のニュースを聞いたとき、「とうとうここまで来たのか」と感慨深かった。

『パラサイト』のアカデミー賞受賞は、韓国エンタメにおいてエポックメーキングだったと私は思う。同作は２０１９年の第72回カンヌ国際映画祭で最高賞も受賞しており、両方で最高賞を受賞した作品はなんと１９５５年以来だという。映画という分野の中で、正真正銘のトップに輝いたのだ。アジアを席捲していた韓流が、本流のエンタメとして世界に認められたのは、これが起点だったように思う。

世界化するための英語の重要性

『パラサイト』がオスカーを受賞した翌年の２０２１年、『ミナリ』という作品で、韓国人女優のユン・ヨジョンがまたもやアカデミー賞で助演女優賞を受賞した。もちろん韓国人初である。同作は、韓国からアメリカに渡った移民の家族の物語だ。『ミナリ』はブラッド・ピットらが設立したアメリカの映画製作会社が作った映画で韓国映画ではないが、作品内で使われる言語は韓国語。「ミナリ」とは、韓国語で植物の「セリ」のことだ。

ユン・ヨジョンは１９４７年生まれ。第二次世界大戦後、長年日本の占領下にあった朝鮮半島は解放され、いったん連合国の信託統治下に置かれる。しかし１９４８年に南北の政府がそれぞれ国家を樹立し、１９５０年に朝鮮戦争が勃発する。まさに激動の朝鮮半島に生まれた人だ。そんな彼女は、最近では女優業以外にリアルバラエティーにも出演して人気を博している。

女優仲間と一人のかばん持ち男優を連れて予算の限られたヨーロッパ旅行をする「花よりお姉さん」や、外国で1週間ほど韓国料理の食堂を開く「ユン食堂」など。歯に衣着せぬ物言いや、さまざまな困難を生き抜いてきた凛とした強さを持つ彼女は後輩から慕われ、相談を持ち掛けられる。彼女の発した含蓄のある言葉は人々の心に染みわたり、「ヨジョン語録」ともいわれている。

私も彼女の言葉が好きな視聴者の一人だ。特に気に入っているのは、「60歳になっても人生については分からないことだらけ。初めての人生なんだからあたりまえ。私も67歳を初めて生きている。初めてだから後悔するし、つらいし、予測もできない」（「花よりお姉さん」より）といったような内容だ。彼女の出演するバラエティーでは、彼女が自らの人生経験を元に、自身の考えや価値観、生き方をストレートに話す場面が多く、私も大好きで必ず見ている。

そんな彼女がアカデミー賞授賞式でスピーチをした。このときのユン・ヨジョンの受賞スピーチがまた素晴らしかった。アメリカに住んだことのある彼女は英語ができる。スピーチは、いつもの彼女そのものだった。ユーモアにあふれ、会場の俳優らを笑わせ、普段の彼女の姿勢どおりの一本筋の通った堂々としたコメントだった。

いまや世界のトップスターとなったＫ－ＰＯＰの７人組アイドル、ＢＴＳが、初めてビルボード・ミュージック・アワードで受賞スピーチをしたときも、リーダーのＲ

Ｍが英語で堂々と話していたが、世界で活躍するためには、英語で話すというのがいかに重要かということを、彼らから再認識した。

自分の言葉を、自分自身で話せなければ伝えたいことも伝わらない。日本人アーティストがなかなかアメリカで成功できないこと、成功に近づいても大成できないのは、言葉の壁がかなり大きいような気がする。ビルボード誌の記者がＢＴＳの成功の理由について、ビルボード・ミュージック・アワードでの受賞や、その後のインタビューなど、アメリカや世界に向けてアピールできる場が来たときに、自分の言葉を英語で発信したり、記者に対して英語で受け答えできたことが大きい、と書いている記事を読んだことがある。

日本のアーティストは、国内のマーケットが大きかったので外国語習得率がかなり低い。それに比べて韓国のアイドルは、最初から少なくとも日本や中国、東南アジアのマーケットを狙っているので、デビューの前から徹底的に語学の勉強をさせられる。また、メンバーに移民２世を起用したりオーディションで外国人を起用したりして国際色を出すこともよく行われる。最初から目指すものが違っているのだ。目標を設定し、それを達成するために今何をするべきなのか、会社経営者やスポーツ選手がするようなことを、アイドルでも実践しているのだ。

財閥系企業、ＣＪの力

韓国のコンテンツが世界制覇を成し遂げたのは、制作者や役者、歌手などアーティストが常に努力し、新しいものを求め、切磋琢磨してきたからに他ならない。一方で、エンタメは商業ベースで成功しなければ長続きしない。作品の素晴らしさと、ある程度の商業的成功がなければ続けられない。このところはやりの「サスティナブル（持続可能な）」が重要だ。

映画をはじめとするエンタメコンテンツは、制作そのものにも大きな資金が投下されるし、それが回収できなければ次が作れないどころか会社が潰れることもある。さらに、コンテンツにかかわる人々の生活もままならなくなる。『パラサイト』の成功は、ＣＪという大きなスポンサーがいたからこそ成し得た偉業だというのは周知の事実だ。アカデミー賞作品賞の授賞式で、日本人には見慣れない小柄なご婦人がスピーチに登場した。彼女がＣＪグループの李美敬（イ・ミギョン）副会長だ。ＣＪのエンタメ事業の礎をつくり、韓国コンテンツの世界化に尽力してきたといわれている。

ＣＪとは、サムスン財閥から分離したグループ企業で、もともとは「第一製糖」（チェイルジェダン／Cheil Jedang）という砂糖の会社から食品製造業に発展した会社。韓国通なら誰もが知っているだしの素「ダシダ」の会社だ。サムスン創業者が創設し、その長男の長男（つまり孫）が現在会長を務めている。前述の副会長はその姉。

サムスンと分離したのが１９９３年で、その後『インディ・ジョーンズ』などで知られるスティーブン・スピルバーグ監督らが１９９４年に設立した製作会社ドリームワークスに、１９９５年、３億ドルの投資をする。これがＣＪのエンターテインメント事業の始まりだ。これを主導したのが、『パラサイト』の授賞式でスピーチをした李美敬副会長といわれている。ドリームワークスに出資をしたことで、ＣＪはアジアでの配給権を獲得し、エンターテインメント事業に関するノウハウも学ぶことができた。

ＣＪはその後も、大規模な映画製作プロジェクトに多額の投資をしていく。その一方で韓国初のシネマコンプレックス「ＣＧＶ」を作ったり、ケーブル放送に進出しｔｖＮを設立したり、映画、音楽、テレビ、ゲームとさまざまなエンターテインメント事業に投資をしていった。大型投資が続き、資金が出る一方のため、ＣＪのエンターテインメント部門は２０１４年までずっと赤字続きだったといわれている。

２０１６年にはドラマ事業部門としてスタジオドラゴンを設立した。２０１９年11月にスタジオドラゴンはネットフリックスと共同でコンテンツの制作・供給をすることで合意。ネットフリックスでドラマを見ている人ならしょっちゅう目にする制作会社名だろう。

赤字を続けながらも、これだけの投資（一部報道によると、赤字解消までの間にＣＪが投資した金額は約７千億円）ができたのは、韓国一の財閥系、財閥ファミリーだからだろう。うがった見方をすれば金持ちの道楽に見えるだろうが、単なる無謀な投機には思えない。「韓国を一流の文化大国にする」という使命感を持ち続けていなければ、ここまで長く継続した投資をできなかったのではないかと私には思える。

強力な国家レベルのスポンサーによる投資と挑戦でレベルの上がった韓国エンターテインメントは、四半世紀を経てアカデミー賞作品賞受賞に結実した、ともいえるだろう。

ＢＴＳの登場

『パラサイト』の少し前、２０１７年にＢＴＳがビルボード・ミュージック・アワードで「トップ・ソーシャル・アーティスト賞」を受賞した。『パラサイト』とは違って、ビルボードの最高賞ではないが、それまで世界のトップアイドル、ジャスティン・ビーバーが連続受賞していて他に誰も受賞したことのない賞を奪取したのだ。

音楽のアカデミー賞といえば「グラミー賞」だが、ＢＴＳは２０２１年の第63回グラミー賞、続く２０２２年の第64回グラミー賞で「最優秀ポップ・デュオ／グループ・パフォーマンス」というカテゴリーにノミネートされた。２０２３年の第65回グラミー賞では「最優秀ポップ・デュオ／グループ・パフォーマンス」に加え、「最優秀ミュージックビデオ」にもノミネートされた。いずれも受賞は逃したが、３年連続でグラミー賞候補となった。ＢＴＳは２０２２年６月にグループでの活動をいったん休止したが、それまでにアメリカの音楽界でも賞レースの「常連」という地位を築いた。

ＢＴＳより前にもＫ－ＰＯＰはアメリカ市場に挑戦し続けていたし、かなりの成果も挙げていた。しかしいろんな面でＢＴＳがそれまでのレベルを大きく超えていった。Ｋ－ＰＯＰの日本進出の突破口を開いた東方神起の人気もすごかった。その後ＢＩＧＢＡＮＧが登場したときも、日本でのＫ－ＰＯＰ人気の裾野が広がったと思った。しかし今のＢＴＳは、文字通り世界を巻き込んでいて、ゲームのレイヤーが違うというか、舞台が変わったように思う。

防弾少年団のデビューと日本

ＢＴＳはデビュー当時は防弾少年団というグループ名だった。韓国のファンは略称で「バンタン」と呼んでいた。私はグループ名を初めて聞いたとき、「なんだそれ？」と思った。「東方神起」もそうだったが、当時はそういった漢字名のグループがいくつもあったように思う。

そもそも私は、Ｋ－ＰＯＰアイドルに関して見る目がまったくない。俳優の場合は「この人、人気出そう」とか、ドラマを見ていて分かることが多いが、Ｋ－ＰＯＰアイドルの場合はそんなふうに思ったこともないし、だいたい私が「えっ？」と疑問に思ったような人たちが超トップアイドルになっていく。いいと思って人気が出たグループをあえて言えば、先に音楽だけを聴いて好きになったＢＩＧＢＡＮＧくらいだ。

例えば、東方神起のデビューは２００４年で、私がちょうど韓国に頻繁に行き始めたころだった。あるとき、ソウルで知り合いの韓国の業界人とカフェにいたところ、そこにはテレビが置いてあって、東方神起のミュージックビデオが何度か流れた。知り合いのその彼は「このグループは今人気があって、すぐに日本にも進出するらしいよ」と言うのでじっくり見たのだが、私は「うまくいくのかなぁ」とまったく興味が持てなかった。

「バンタン」もそうだ。デビューしたころに紹介してもらったが、まったく興味がわかなかった。ARMY（BTSのファン）にバッシングされそうだが、名前からして「大丈夫？」という気分でいた。防弾少年団のデビュー当時、日本側で彼らに協力していた会社が、私もドラマの取材などでよく付き合っていたドラマ制作の会社だったから、特に気になって見ていたにもかかわらず、だ。私が「ふ〜ん…」とスルーしている間に、彼らはどんどん人気が出て、超スーパースターになっていった。私が気にも留めなかったグループはブレークする、と言ったほうがいいかもしれない。

BTSの日本デビュー当時に日本側のマネジメントを引き受けていたのが、ドラマ制作会社のACC（アジア・コンテンツ・センター）だった。今回、この本を書くにあたって、ACCの出口孝臣元社長にそのいきさつをあらためて聞いてみた。出口氏は、サザンオールスターズや福山雅治の所属事務所として知られるアミューズの元副社長。さまざまな理由でACCの設立時に社長を引き受けたそうだが、やればやるほど制作会社は儲からないと思い始めていたそうだ。

そんな中、もともとアーティストのマネジメントが本業なので、K－POPのマネジメントを手掛けたいと思っていたそうだ。提携する相手は大手ではなく、小さいところがいい。もともとの本業だから、デビュー前の人の可能性を見つけ出す自信はあったという。

そんなとき、ビッグヒット・エンターテインメント（現HYBE）のパン・シヒョク代表を紹介された。パン代表と話が弾み、「デビュー前の子たちが練習しているから見ていくか？」と言われ、見に行ったのがのちの防弾少年団だった。

出口氏はその場で魅了され、間もなく3年間の日本でのマネジメント代理契約を交わし、イベント、レコード、ファンクラブ、マーチャンダイズなどを引き受けることになった。ACCの橋渡しにより、日本ではポニーキャニオンがレコード会社となった。

防弾少年団は2013年6月13日に韓国でデビューし、1年後の2014年6月4日に日本でデビューすることになる。

パン代表は、JYPで大活躍していた作曲家でありプロデューサーなので本人は有名人だが、独立後、防弾少年団が韓国デビューした当時はビッグヒットはまだ小さな事務所で、当初はいきなり大ヒットとはいかなかった。むしろ日本ではデビュー直後からかなりの人気があった。防弾少年団の日本デビュー時に日本側の協力があったことが、ビッグヒットの初期には大きな支えになったと想像できる。

さらに、出口氏は「パン・シヒョクさんは当初から、われわれとはまったく違う手法で、世界戦略を描いていた」という。SNSを徹底的に駆使して世界中に拡散させ低コストのマーケティングを行い、そこで収拾したビッグデータを基に、どこにどのような、どれだけのファンがいるかを分析していた。それによって、今、どの国のどの地域でライブをやれば、どのくらいの年齢層の人が何人集まるかまで、ある程度想定できていたそうだ。人数が予想できればリスクが大きく低減する。そのビッグデータ分析に基づいて世界各国でライブを開催していったのだ。

日本の芸能界は、国内を市場としていたので国内のファンクラブをその集客数のバロメーターにしていたが、K－POPの手法は徹底的に新しいテクノロジーを使い、低リスクで挑戦ができる形に進化していたのだ。

K－POPとジャニーズ

韓流が少し低迷していた2009年から1年間、私は「もっと知りたい！韓国TVドラマ」の編集長をしながら、共同通信社で発行していたテレビ誌「TVfan」の編集長も兼務することになった。「TVfan」の収支が振るわなかったためだ。そこで、それまでテレビドラマの主役であれば女優も表紙に取り上げていた路線から、大きくアイドル誌の方向に振り切ったテレビ誌に路線変更した。「ＴＶｆａｎ」は後発の弱小テレビ誌だったので、他誌との差別化を徹底するためにターゲットをアイドル好きの女性に絞り込んだのだ。

最初に行ったのは、ジャニーズ事務所（現スマイル・アップ）へのあいさつと、トップアイドルの単独取材のお願いだ。テレビ誌の取材は、テレビ局がドラマのプロモーションとして出演者への取材日を設けてセッティングしてくれるので、「ＴＶｆａｎ」も一テレビ誌としてそこに参加させてもらっていた。だからジャニーズ事務所のアイドルが主役の場合は他誌と一緒に取材ができた。しかし全媒体が同じ日に同じ場所で取材をするので時間が限られており、他誌と似たような記事や写真になりがちだ。それでは雑誌としては弱いので、ジャニーズのトップアイドルを単独で取材させてほしいというお願いに参上したのだ。

私はそれまでアイドルにまったく興味を持たずに生きてきたので、ジャニーズ事務所のことをよく知らなかった。もともとジャニーズ事務所というところは、色眼鏡で見られがちだったように思う。かわいい男の子を集めて事務所の力でスターにし、システマティックに整備されたファンクラブなどで収益構造も鉄壁という、世間の人が思うようなイメージだ。しかししばらくすると、ジャニーズ事務所という枠組みの中にいるだけで人気が出る、といった単純なものではないということが見えてきた。ジャニーズの舞台やコンサートを見に行く機会が増えると「この子はジャニーズにいるから固定したイメージで見られるけれど、とんでもない歌唱力（または演技力）を持っている」と思える逸材を何人も見た。

最近、ジャニーズ事務所はジャニー喜多川元社長の性犯罪の件で連日ニュースになっている。

K－POPのコンサートと、ジャニーズのコンサートを、同時期に同じくらい取材した人はあまりいないと思うので、私の感じた日韓の違いを書こうとこの章を執筆している最中に、性犯罪問題が浮上した。記者会見が紛糾し、多くのスポンサーが同事務所のタレントの起用を中止したり、有力タレントが独立したりと、連日さまざまなことが起きている。韓流についての本なのに、わざわざ問題になっているジャニーズについて書く必要はないかもしれないと何日か考えたが、性犯罪の問題と彼らのパフォーマンスは切り分けて見るべきだと私は思うので、元社長の犯罪については脇に置き、当初から書こうと思っていたタレントたちのパフォーマンスについては削らずに書くことにした。

２０２３年10月17日、日本のアイドル文化を牽引してきたジャニーズ事務所という名前が消えた。同社はいったん、被害者への補償会社としてスマイル・アップという社名になった。芸能プロダクションとしてはまた新しい会社ができる予定になっている。過渡期でもあり、本書ではジャニーズの名のままで記載することにする。

「ＴＶｆａｎ」の編集長を兼務することになった私は、ジャニーズ事務所の電話番号を調べて電話をかけた。思いのほかアポイントは簡単に取れて、事務所に出向きアイドルの単独取材をさせてほしいと頼んだ。その後、「今取材をセッティングできるとしたら、このグループ」と提示された。ジャニーズ事務所の中でも上位に入る人気のグループだった。

私たち「ＴＶｆａｎ」は新参者で、部数も少ない。番組表も関東版と関西版しか出していないので、全国的な雑誌とは言い難いものだった。雑誌に載ったとしても訴求力は歴史のあるテレビ誌と雲泥の差だった。

通常、取材の可否は媒体の訴求力がポイントになる。だんだん私も理解していくのだが、ジャニーズ事務所のタレント取材はフォーマットが出来上がっていたといえる。媒体の訴求力、部数の多さや世間の認知度は関係なく、エンタメ媒体であればどんな媒体もほぼ同列の扱いだ。ドラマや映画、舞台や新曲発売など、プロモーションのタイミングに合うタレントを、媒体側の希望とすり合わせてスケジュールを提供してもらう。当時は嵐の人気が絶頂を迎えるころで、嵐のオリジナルの取材を掲載した年末年始の特集号は大成功だった。

それに比べて「もっ韓」は、取材のアポを取るのが本当に大変だ。韓国の芸能界も、映画の公開やドラマの放送開始、新曲の発売など、プロモーションのタイミングで取材がしやすい時期がある。しかし映画を例に挙げれば、映画会社の仕切るプロモーションの取材会は劇場公開映画の宣伝のためなので、外国メディアに時間を取ってもらうのは難しい。日本の配給会社やＤＶＤ制作会社が、日本での宣伝のために設けてくれる取材会が一番スムーズだ。

韓国ではジャニーズ事務所と違って、事務所が仕切って取材の時間を設けることはほとんどない。だからプロモーションのタイミングでないときに取材をするのは本当に至難の業だ。「もっ韓」の取材は、日本の放送タイミングに合わせて行うため、韓国のプロモーションのタイミングに合わないことが多い。現地の取材交渉のスタッフは、韓流スターのマネジャーに何度も連絡し、やっとのことで取材許可をもらうことがほとんどだ。

ジャニーズ事務所のタレント取材はフォーマットがあってシンプルだ。「このタレントは今出る時期ではないのでダメ」「ドラマが始まるからＯＫ」「年に1回、すべてのエンタメ媒体の取材を受けるタイミングだからＯＫ」など、イエスかノーか、比較的すぐに回答がある。

また、Ｋ－ＰＯＰの場合は紙媒体の取材には消極的だ。日本で出るとしたらファッション誌などで、それはイメージ戦略のためだ。韓国にはアイドル誌がほぼないに等しいし、紙媒体が日本以上に振るわない。かなり前からネット社会が定着しているので、紙媒体に出る価値を見いだしていないと思われる。テレビ出演がプロモーションの基本なのだ。

その点でも日本と韓国は違いがある。ジャニーズ事務所は特に、インターネットへの掲載をずっと拒否し続けてきた。逆にそのおかげで、紙媒体のアイドル誌やテレビ誌が存続できたともいえる。しかしそのせいで、Ｋ－ＰＯＰに市場を明け渡したともいえるかもしれない。

ちなみに、K-POPアイドルが新曲などのプロモーション活動のためにテレビに出演したり、コンサートを行ったりするのを、韓国では「カムバ（カムバックの略）」という。最初のころ、この「カムバック」の意味がかみ合わなくて難儀した。日本ではいったん辞めた人が再び活動を始めることを指すが、韓国ではプロモーション再開の意味なのだ。若いアイドルが何度も何度も「カムバック」するというので、当時は頭の中がクエスチョンマークだらけになったものだ。

日韓アイドルコンサートの違い

「TVfan」を徹底的なアイドル路線に変更したせいか、販売率が好転し少しずつ部数も伸び始めた。ジャニーズ事務所はライブや舞台などについて、媒体を一斉に招待し取材してもらう日を決めている。「TVfan」の編集長を兼務していた1年間、それまで見たことのなかったジャニーズのライブや舞台を頻繁に見に行った。見たことがなかったのは、ジャニーズのライブや舞台は、ファンクラブに入っていなければチケットの入手がほぼ不可能だからだ。

テレビでは、ジャニーズ事務所のタレントを見たことのない人はいないと思うが、彼らを生のライブや舞台で見たことのある人は、実はあまりいないのではないだろうか。ファンの数が多すぎて購入希望者が殺到するので、ファンクラブに入っていてもチケットが買えないこともあるくらいだ。

私が編集長をやっていたのは、嵐がデビュー10周年を迎え、国民的アイドルとして絶頂のときだった。ちょうどそのころ、それまでドラマしか人気のなかった韓国エンタメも、K－POPの人気が徐々に上昇してきていた。東方神起が紅白に初出場したのが2008年末だった。嵐のデビュー10周年は2009年夏。双方同じ5人組のアイドルで、当時嵐ファンの友人から、嵐派と東方神起派がいると聞いたこともある。

その後、KARAや少女時代、SHINee、2PMなど、アイドルが次々と日本に進出し、K－POPのコンサートを見る機会も増えた。

今はBTSに代表される一部のK－POPトップアイドルが日本のアイドルとは

比較にならないほど活躍していて、「K－POPのライブが最高」と言う人が多いかもしれない。しかし当時は、ドームなどの大規模会場のコンサートは、圧倒的にジャニーズのトップアイドルのライブ構成のほうが素晴らしいと思った。しかし先にも触れたが、残念ながらジャニーズのライブチケットは、一般の人にはほとんど手に入らない。一方K－POPアイドルのコンサートは、まだ一般人に開かれていた。

ジャニーズアイドルのライブと、K－POPのライブの両方を見て、いろんな点が違うと思った。中でも一番大きいのが、ジャニーズのライブは、会場のサイズや空間を計算に入れ、どの席に座っていても楽しめるよう、できる限りの工夫がなされているという点だ。

例えばダンス。テレビの音楽番組のように一カ所に固まって踊ることはあまりない。曲の途中でメンバーがステージの左右に分かれたり、2階席の高さに会場を回遊できる廊下のようなものを作って、そこまで行って曲を歌ったり踊ったりしながら、会場を移動したり。また、トロッコに乗って移動したり、サーカスのように空中にワイヤーを通して空を飛行しているように見せたり、上下に伸縮する鉄柱のようななものをメンバーの数と同じだけ配置してそこに立ち、それが3階席の目線と同じくらいになるまで上がったり。ムービングステージといって、可動式の透明な舞台をアリーナ席の客の頭の真上を通過するように動かしながらその上でパフォーマンスしたり。

まるで座って見る遊園地のように、ありとあらゆる方法で、約2時間か2時間半どの席にいても飽きさせない工夫がなされている。また、常に新しいアイテムや方法を試みるなど、約50年間のアイドル専門で培われた経験とノウハウが詰まっていた。

ジャニーズアイドルのライブは、ファンを楽しませるためにセットや構成にお金を使いすぎているため、あれほど盛況でもあまり儲かっていないといううわさも聞いた。その代わりグッズで大きな売上を立てるのだと聞いたこともある。そして、当時はそもそもチケット代が比較的安かった。これは、子どもがお小遣いを貯めて行けるような金額に設定することで、長くファンを続けて応援してもらうという長期的視点に立った戦略だからだという話も聞いたことがある。実際、10代からのファンで、40代、

50代のファンクラブ会員も多い。

ジャニーズだけがコンサートで儲かっていないのかと思っていたら、日本ではほかのトップアーティストもその傾向があるようだ。前述の、防弾少年団の日本側事務所となったＡＣＣの元社長の出口氏によると、日本の観客は目が肥えていて、コンサート機材やセッティングのレベルを落とすと「すぐバレる」そうだ。どんなコンサートも満員にできる日本のトップアーティストでさえ、コンサートではそんなに利益は出ないそうだ。

当時の韓国は音楽の市場規模が日本よりずっと小さく、元編集スタッフの金志恩さんによると、私が韓国に頻繁に行き始めた２０００年代前半は、日本のように1万人以上を集める大規模なコンサートはほとんどなかったようだ。大きな会場といえば、オリンピックやワールドカップのときに作られた野外の競技場だが、当時、５、６万人収容可能な大規模会場で単独ライブをしたというのは私も聞いたことがない。

私がそのころ見た大きなライブは、トップスター、ピ（ＲＡＩＮ）の蚕室（チャムシル）室内体育館（1万人超収容）で開催されたものだった。単独ライブの場合、トップスターでもソウルで1万人クラスの会場を数日間、というのが最大級だったのだと思う。コロナ禍が下火になった２０２２年秋にＢＴＳが釜山でコンサートをしたのが有名だが、会場は5万人収容の釜山アシアード主競技場だった。ＢＴＳなら、この規模でも数日間は満員にできただろう。Ｋ－ＰＯＰの次元が大きく変わったのが分かる。

ジャニーズアイドルとＫ－ＰＯＰアイドルの大会場でのパフォーマンススタイルが違うのは、Ｋ－ＰＯＰとジャニーズのプロモーション方法の決定的な違いにもあると思う。

Ｋ－ＰＯＰはかなり初期のころから、インターネットをプロモーション媒体として利用していた。それ以外はテレビの歌番組だ。韓流初期に韓国で見たのは圧倒的なインターネットの普及だった。街の至るところに「ＰＣバン」というネットカフェがあり、若者は誰もが「サイワールド」という自分のホームページのようなものを持っていた。今でいうところのソーシャル・ネットワーキング・サービス（SNS）だが、自分の部屋を作り、そこに自分のアバターを作って置いたり、好きな音楽をその部屋で流したりするのだ。若者の誰もがそんなことをやっていて、おそらく世界で一番進んでいた。

ジャニーズ事務所は約50年の歴史があり、鉄壁のファンクラブシステムを持ち、権利管理も徹底している。インターネット上にジャニーズのアイドルの写真や映像を勝手に使う人がいたら、ジャニーズのサイバーチーム（といったかどうかは知らないが）が直ちに見つけて注意喚起し削除させていた。

韓国はまったく逆で、強固なシステムもないし、世界第二位の音楽市場の日本と比べると、市場規模はごく小さい。著作権管理も怪しいものだった。そういった土壌なので、権利や収益よりも先に拡散を狙うのは当然だろう。まずは世界中にコンテンツを無料で拡散し認知度を高め、マーケットの土壌を開拓し、のちに刈り込んでいく。特にＩＴが世界で最も発達していたので当然の成り行きだったと思う。これが、日本が世界化に後れを取った要因の一つともいえるだろう。

インターネットで音楽やアイドルを普及させるということは、そのパフォーマンスをプロモーションビデオに収めるということだ。かつて１９８０年代にアメリカでＭＴＶという音楽専門チャンネルが始まって、マドンナやマイケル・ジャクソンの曲が爆発的にヒットしたのと同じパターンで、そのインターネット版といえる。

プロモーションビデオはテレビと同じで、画面の範囲内に収めなければならない。Ｋ－ＰＯＰのようにダンスを主体にしている場合、パフォーマンス自体がそこに収まるフォーメーションになる。テレビの歌番組でも同じだ。大きな会場でパフォーマンスする機会があまりなく、そういった会場でのパフォーマンスをプロデュースした経験のある人も少ない。本人たちも制作側も、基本的にプロモーションビデオやテレビ出演を主眼に置いているので、舞台が５万人の観客が入る会場になったとしても、基本的にフォーメーションの決まったパフォーマンスが中心になる。

これが、私が当時、K－POPのコンサートを見たときに「ジャニーズのコンサートとまったく違う」と思った理由の一つだと思う。ほかにも、時間通りに始まらないことが多いとか、ライブが終わってもメンバーが退場せず、手を振ったり自由に動いていることが多いということもあった。初期のころは会場に配置されるスクリーンの数が少なかったり小さかったりしたが、それは徐々に改善されたようだ。また、最近では会場のファンを楽しませるためにトロッコを使ったり、舞台を伸長させたり、メンバーを回遊させたり、会場に向かって銃のようなものでプレゼントを打ち出したりと、ジャニーズアイドルと似たような工夫がされるようにもなった。

ジャニーズはライブの構成、機材の使い方やセッティングのうまさなど、パフォーマーと裏方がトータルで作り上げるのがうまい。一方K－POPは、パフォーマー個人の能力の高さが光る。以前、BIGBANGのコンサートで、本番中ずっと、私の席の側の大きなスピーカーの音が出ないまま終わってしまったことに驚いたことがある。そういうちょっと雑な部分が、ジャニーズのきめ細かい完璧な面と比較すると気になる点だった。

外部環境の変化に強い韓国エンタメ

２０２０年以降、コロナ禍で世界中がパンデミックに陥り、エンタメ業界は大打撃を受けた。大会場でのコンサートはできなくなり、小規模の会場でも不可能になった。

ＩＴ大国の韓国エンタメ業界はこの事態への対応も早かった。韓国のＩＴ企業ネイバーは２０１５年に始めたライブ動画配信サービス「ＶＬＩＶＥ（ブイ・ライブ）」上で、２０２０年４月から、ＳＭと組んで「ビヨンド・ライブ」というライブコンサートのストリーミングサービスを開始したのだ。これによってＳＭ所属のアイドルたちが次々とオンラインライブを行った。私もときどき見ていたが、コロナ禍に世界に向けて配信されたオンラインライブに、世界中から何十万人というファンがアクセスしていた。もちろんリアルのコンサートの躍動感にはかなわないが、安いチケット代でどこからでも参加できるという気軽さのうえに、本格的なパフォーマンスが見られて十分楽しめるものだった。

一方日本では、2020年5月から「ジャニーズネット・オンライン」という配信サービスが始まった。インターネットにずっと消極的だったジャニーズ事務所だったが、コロナ禍の環境下での取り組みは早かったといえる。ファンクラブ会員でなくても見られることもこれまでと違うと感じた点だ。

しかし基本的に国内のファン向けであることが、SMがやったような規模や世界観とはまったく違っていた。SMは韓国一のIT企業と組んであっという間に大量のアクセスが可能な仕組みを提供したが、ジャニーズ事務所はあくまでも自社完結型だ。エンタメに限ったことではなく、日本企業の特徴が表れているようにも思える。

その後2021年に、ネイバーの「VLIVE」は、BTSの所属事務所であるHYBEが2019年から始めた「Weverse（ウィバース）」に統合された。韓国のエンタメ企業間では、アメリカのようにM&Aや吸収合併が行われ、コンテンツ、IT、メディアなどが集合した巨大なコングロマリットになりつつある。

一方日本では、芸能事務所の吸収合併はほとんどないし、放送などのメディアと合体することもない。ＩＴ企業とのコラボは少しやっているようだが、大きな動きはない。韓国のメディア企業はアメリカの巨大メディア企業にはまだまだ届かないが、どんどん日本を大きく引き離しているように見える。

韓国人と仕事をしていると、どんな人も「とりあえずやってみる」「やってみて、徐々に修正していけばいいし、ダメなら引き返せばいい」という、今の時代にぴったりな「アジャイル」思考なのが普通だ。私も個人的にはそれが心地いいタイプだが、日本人は準備しすぎて時機を逸したり、前例のないことに二の足を踏みすぎてチャンスを逃したりしていることが多い。危険を冒さない、失敗しないよう注意する点は日本のいい面でもあるが、日本のそういった、過去の成功体験に基づいた社会風潮は、今の日本の若者には息苦しいのではないかとも思える。

日本では、例えば大企業に何か売り込みに行く場合、「これまで付き合いのある会社か」「知っている会社か」「他社でも使っているか」など、縦横見回して、前例がないと相手にもしてくれないことが多い。しかし韓国では、前例や過去に関係のない会社や人でも、売りに来た物や人そのものを見て検討してくれるし、新しいものであれば自分の会社で使えるかどうかで考える。そういったチャレンジングで懐の深いところが、外国人の私にとってはやりやすく、ありがたい。韓流の初期のころに強く印象に残った点だ。

第5章

韓流、政治、ボーダレス

金大中大統領の文化政策

韓国人の旺盛なチャレンジ精神と、良質なコンテンツを生み出す能力、海外からの引き合いと注文を逃さずキャッチし、倍々ゲームで拡大していく事業展開のうまさ。それらが相まって韓流は世界レベルのコンテンツになった。

しかし、ソウルオリンピック前までの韓国のイメージは、朝鮮戦争後の軍事政権、民主化を求めた学生運動の激しさなど、テレビニュースで見た映像が強烈で、社会情勢が安定していない印象が強かった。また、私が会社に入社した80年代後半ごろは、香港、シンガポール、台湾と共に、韓国は新興工業経済地域（ＮＩＥＳ）と呼ばれ、「発展途上国から最初に脱した急速に発展している国」としてニュースにもたびたび登場していた。つまり当時はまだ、発展途上国から脱出したばかりの状態だったのだ。

韓国が軍事政権から民主化したのが１９８７年。ソウルオリンピックを開催したのが１９８８年。そこから「冬のソナタ」の日本放送まで15年、『パラサイト』のオスカー受賞はその17年後だ。民主化により、言論の自由が保証されてから30年余りで世界に通じるエンタメコンテンツを生み出すまでになったのだ。韓国の経済発展を表す「漢江（ハンガン）の奇跡」のエンタメ版といったふうだ。

この「漢江の奇跡」エンタメ版を成し遂げられたのはなぜか。もちろん、国民性や業界の努力、外的要因などさまざまあるが、そのベースには、「どんな国であるべきか」「どんな国をつくっていくのか」を思い描いた政治家がいたことも大きいと言わざるを得ない。

起業をするときや事業計画を練るとき、経営のトップ自身が「将来なりたい姿」を描く必要がある。大企業でも当然そうだ。求める将来像がはっきりと明確に描けていればこそ、今やるべきことが何か、本当にそうなれるのか、どうやったらそうなれるのか、などが検討できる。韓国のエンタメの興隆も、あるべき姿、なりたい姿を描き、その土壌を整えた結果、さまざまな人がチャレンジし、競争し、ものすごい勢いで今のような姿になったのだと言える。

韓流が花開いたのは、金大中大統領（当時）の文化政策が礎になっているといわれている。金大中大統領の就任前年の1997年、アジア通貨危機が起き、韓国は一時期ＩＭＦ（国際通貨基金）の管理下に入る。国家的危機に陥った中での船出だった。

今の韓流の隆盛の理由を、金大中大統領の文化政策に求めることに反論する人もいるが、金大中大統領の就任演説の要旨を見ると、「民主主義と市場経済で経済的国難の克服」「物価の安定、競争原理保持」「技術立国になるためのベンチャー企業の育成」「文化産業を基幹産業に、グローバル市場へ」「小学生からコンピューターを教育に導入」と、文化・技術と経済重視の明確な方針が分かる。

大統領就任の同年秋には「文化大統領宣言」といわれる演説で、「21世紀は〝知識と情報の時代〟、〝文化・観光の時代〟」「文化が国際競争力の原点」とし、「映画『ジュラシック・パーク』や『タイタニック』が、韓国の3大自動車会社が稼いだ額より大きい」と述べ、文化産業が成長すれば、自動車産業にも匹敵する巨大産業になると、具体的な経済規模を挙げている。このように、エンタメを「基幹産業」にする方針を明確に示したのだ。

金大中大統領の描いた明確な将来像を基に、韓国国内ではいくつかの変化が起きている。まずは全国規模でインターネット回線へのアクセスが容易になったとされている。任期中の5年間で、高速インターネット加入者数が約1万人から、1千万人超まで拡大したという。また、ＩＴ企業やベンチャー企業育成のため規制を撤廃したことで、会社を辞めて独立する人や多くの企業家が登場する。韓国の代表的なＩＴ企業で大手ポータルサイトを運営するネイバーもダウムも、金大中大統領就任2年目の１９９９年にサービスを開始している。

「もっ韓」創刊号を発売したあと、韓国の芸能人に大学を出ている人が多いということに驚くファンが多かったが、日本には本当に少ない「演劇映画学科」のような芸能系の学部が２０００年以降増えた、と元スタッフの金志恩さんが教えてくれた。

政府が文化・エンタメ産業強化を打ち出し、それらにスポットが当たり始めたことで、それが生涯の仕事になる可能性もあると考える学生も増えただろうし、それを見込んで大学側も学部を新設しただろう。この文化重視の方針は、2003年2月25日に就任した次の大統領、盧武鉉（ノ・ムヒョン）政権にも引き継がれ、同年、日本に韓流の大ブームが起きるところまで発展した。

韓流の扉を開いた「日韓共同宣言」

金大中大統領の業績としては、経済復興、対北朝鮮支援（太陽政策）、IT産業の育成、日本文化の開放などが挙げられる。その中の「日本文化の開放」は、大統領に就任した1998年、10月7日から10日まで国賓として日本を訪れ、当時の小渕恵三首相と共に10月8日に「日韓共同宣言－21世紀に向けた新たな日韓パートナーシップ－」を表明したことを契機に始まった。日韓関係はこれにより大きく進展したのだ。同宣言の「附属書」として「21世紀に向けた新たな日韓パートナーシップのための行動計画」というのがあり、ここには大きく次の4つの項目が記載されている。（外務省サイトより）

1. 両国の対話チャンネルの拡充
2. 国際社会の平和と安全のための協力
3. 経済面での協力関係強化
4. 地球規模問題に関する協力強化

4つ目の項目の最後に「文化交流の充実」という小項目があり、そこに「韓国は、韓国内において日本文化を開放していくとの方針を日本側に伝達した」と書かれている。ほかにも、「今後とも民間、地方レベルを含めた多様な両国間の文化交流を推進していく」「特に日韓の若手芸術家・文化財専門家等の人物交流、両国の現代舞台芸術や民俗芸能の派遣・招聘、文化財修復のための共同研究等を通じた文化交流を拡大する」とあり、両国は文化交流を活発化すると宣言している。

この「日韓共同宣言」に基づき、韓国は初代大統領・李承晩（イ・スンマン）政権以来、法律で規制していた日本文化を段階的に開放していった。

金志恩さんによると、彼女が高校生だった1998年に急にマンガの正規輸入版が発売され始めたものの、彼女が日本に留学した2003年にはまだ日本のドラマは開放されていなかったので違法視聴されていた、というのが強く記憶に残っているそうだ。段階的に解禁されていった様子が分かる。

一般の日本人はこの日韓関係の変化を肌で感じることはほとんどなかったが、韓国ではマンガやテレビ番組といった、それまで違法で出回っていた身近なコンテンツが正規に見られるようになり、子供にもリアルな変化として記憶に残ったようだ。金志恩さんの記憶にあるように、韓国における日本文化の開放は、1998年10月にマンガ本が完全開放され、その後2006年にかけて段階的に行われた。ちなみに、この日本文化開放後の2006年11月に、嵐がジャニーズタレントとしては初めてソウルでコンサートを行い、大成功している。

日韓共同宣言で韓国が約束した日本文化開放が契機になり、NHKが韓国ドラマの放送を決めたとみられる。1998年の日韓共同宣言と2002年の日韓ワールドカップ開催が相互に影響し、両国は関係改善に向かった。歴史的な韓流ブームのきっかけは、歴史的な日韓共同宣言が起点になっているといえるだろう。

日韓関係と韓流

これまで韓流の浮き沈みは、多かれ少なかれ政治的な日韓関係に影響を受けてきた。韓流ブームが始まってしばらくは、政治的に大きなトピックスはなかったが、２００３年の「冬のソナタ」の日本での放送から数年たった２００７年、２００８年あたりは少しブームも下火になりつつあった。ドラマのブームは沈静化していた一方で、Ｋ－ＰＯＰでは東方神起が２００８年末にレコード大賞にノミネートされ、紅白歌合戦に初出場を果たす。そして２００９年７月には東京ドームで２日間のライブを成功させた。

２０１０年には「美男〈イケメン〉ですね」が大ヒットしてドラマブームも再燃した。「美男〈イケメン〉ですね」でブレークしたのは子役から成長した若い俳優チャン・グンソク。同年、ＫＡＲＡや少女時代といったＫ－ＰＯＰアイドルが日本デビューし、２０１１年末には紅白歌合戦にも出場するなど、Ｋ－ＰＯＰも日本に根付き始めた。チャン・グンソクもＫ－ＰＯＰアイドルも、それまでの韓流ファンとは少し異なる若い層に人気を博していた。

そんな折、２０１１年８月にフジテレビ本社の周辺を取り巻く嫌韓デモが行われた。番組編成に韓流が多すぎるという主張だった。一方韓国でも、その年末に韓国の日本大使館前に慰安婦像が設置される。慰安婦像はその後、韓国国内の百カ所以上に設置された。そして２０１２年８月、任期満了間近の李明博（イ・ミョンバク）大統領が大統領として初めて竹島に上陸した。数日後、同大統領の天皇謝罪要求発言があり、日本国内のムードが一転。２００３年以降、盛り上がってきた韓流熱が急速に冷えていった。

２０１２年当時、Ｋ－ＰＯＰの人気が拡大したことで韓流はすでに若い層に広がっていた。韓流初期の２００３年には韓国を訪れる韓流ファンは中年女性が多かったが、海外旅行に行きやすい若い層への韓流の広がりとともに訪韓人数はどんどん増え、韓国観光公社の統計によると、２００３年に１８０万人だった日本から韓国への訪韓人数は、２００９年に３００万人を超え、２０１２年に３５０万人を超えた。

ところが２０１２年の李明博大統領の竹島上陸で反転。地上波テレビから韓流ドラマが徐々に消え、Ｋ－ＰＯＰアイドルの姿も見なくなった。日本国内全体も「韓国はもういい」というムードになっていた。

訪韓する日本人は翌２０１３年には前年比約80万人も減少した。２０１５年には１８４万人まで落ち込み、韓流が始まった年のレベルまで減少した。２０１２年以降、日本人も韓流に対する熱量が落ちてきていたが、韓国側もこのころは地上波から締め出しを図っている日本より、中国との取引に傾いていた。

日本国内のムードがそんな中、２０１２年年末に安倍晋三首相が2回目の首相に就任、韓国では翌２０１３年２月に朴槿恵（パク・クネ）大統領が就任する。同時期に中国も政権交代があり、同年3月に習近平国家主席が就任した。

日韓の関係は改善することもなく、さらに悪化。慰安婦像設置の問題で2017年1月には、駐韓大使が一時帰国する事態までになる。朴槿恵大統領が失脚し、2017年5月に文在寅（ムン・ジェイン）政権になっても状況は変わらず、2018年には元徴用工の訴訟で日本側が敗訴するなど厳しい関係が続いた。

日韓関係は悪かったがドラマ人気は徐々に回復した。朴槿恵政権時代の2016年に韓国はアメリカとTHAAD配置で合意、それに対して中国は制裁を行い、韓流もその影響を受けたことが、日本にとってはプラス要因になったかもしれない。訪韓客も回復し、大きく落ち込んだ前年の2015年から50万人増の230万人となった。このころから、日本の新大久保発の「チーズタッカルビ」が人気になるなど、韓流コンテンツではない韓国ブームが登場し始める。

2016年といえば「冬のソナタ」到来から13年たっており、韓流ブームが起きたときに赤ちゃんだった子も中高生になるくらいの年月だ。この世代になると、韓国自体にマイナスの感情もなく、また韓流は特別なことでもなく、日本のエンタメと同列なものとして見ているようだ。

遠くて近い隣国から、単に近い隣国になっていっているのか、２０１９年には訪韓人数が３００万人を超えるまで回復した。

日韓トップ交代で関係回復

２０２２年5月10日、韓国に新しい保守系の大統領が誕生した。尹錫悦（ユン・ソンニョル）大統領だ。その前年の２０２１年10月４日、日本側もトップが入れ替わっていた。岸田文雄首相だ。２０１１年末あたりから10年以上、冷え切ってしまっていた日韓関係がやっと回復し始めた。

そしてコロナ禍が落ち付くと、待ってましたとばかりに日本人がどっと韓国に行き始めた。文藝春秋の発行する「ＣＲＥＡ」が２０２３年3月に発行した韓国特集号は完売。購入できなかった人が多かったので6月にほぼ同じ内容のものをMOOKとして発売したほどだ。「CREA」のあとも韓国特集を組む雑誌が複数登場し、最近はテレビでも韓国グルメ旅行などがよく取り上げられている。

韓国観光公社の発表している「観光統計」によると、コロナ禍で2021年に1万5千人まで落ち込んだ日本人の訪韓人数は、2022年で約30万人、2023年は9月末の時点ですでに150万人を超えている。このままいけば年末には200万人を超えそうだ。ちなみに、韓国からの訪日客は9月までで約500万人。人口が約半分の韓国から円安の日本に、訪韓日本人の倍以上の人が訪れている。

訪韓の数字から見てみると、韓流旋風が巻き起こって韓国に行く日本人が増えたものの、東方神起が紅白に出場したあと、K-POPが本格的に人気が出てきてから一気に増加している。一般市民にとって、実際に相互の国に行ったり来たりするのが相手の国を理解する直接的な行為だと思うが、そういう意味では、気軽に旅行に行きやすい若い世代に韓流が浸透したことが文化交流に大きく寄与しているといえる。

文化交流はボーダレスに

２０１０年に「美男〈イケメン〉ですね」が大ヒットしたとき、東京・新橋の喫茶店で打ち合わせをしていたら、20代前半くらいの女性の店員さんが私たちに「チャン・グンソクの大ファンなんです」と言ってきた。そんな若い女子が興奮して韓流スターについて話すのを直接見たのは初めてだったので、思わず「ありがとう」と答えたように記憶している。

韓流の第二幕は、東方神起とドラマ「美男〈イケメン〉ですね」で幕を開けた。２００８年、２００９年は東方神起が人気絶頂で、鉄壁だった日本の音楽市場の壁を破り、彼らが切り開いた道を後輩のＫ－ＰＯＰアイドルたちが続き、やっと今に至るＫ－ＰＯＰの時代が来た。「美男〈イケメン〉ですね」はそれまでの韓流ドラマで見られなかった俳優のアイドル化を体現した。主演のチャン・グンソクは日本で歌手としての活動も開始し、同ドラマの主演級だったイ・ホンギとジョン・ヨンファはそれぞれ、アイドルバンドのＦＴＩＳＬＡＮＤとＣＮＢＬＵＥのボーカルだ。

このころよく言われたのは、小中学生のときに韓流が始まって、韓国のエンタメを特別なものと感じない世代の登場だ。

日韓関係が冷え切ってしまった２０１２年から２０１３年ごろ、高校生の娘を持つ友人らが「娘がＫ－ＰＯＰに夢中で、コンサートに行きたがっている」と言っていた。彼女たちはジャニーズなど自国のアイドルと同じ感覚でＫ－ＰＯＰアイドルに夢中になっていたのだ。数年たつとあまりそんな話を聞かなくなったのでアイドル熱は冷めてしまったのだろう。

彼女らミレニアル世代は、デジタルネイティブといわれている。２０１２年以降、日韓関係が悪くなり、韓流ドラマやＫ－ＰＯＰアイドルは地上波テレビから姿を消した。しかし彼女たちの情報ソースはテレビではなくインターネットだった。当時友人に、彼女らがＫ－ＰＯＰに非常に詳しいので、「なぜそんなことまで知っているのか」と聞いたところ、全部ユーチューブからの情報だと教えてくれた。

あのころ、フジテレビの周囲を囲んで韓流を放送するなという嫌韓デモがあったが、アイドルを好きな世代はそんなことが起きているとはまったく知りもせず、国や言語の違いを気にもせず、インターネットから自分の好きなものをチョイスして夢中になっていたのだ。

２０１４年、防弾少年団（ＢＴＳ）が日本でデビューする。同じ年、ＳＮＳのインスタグラムの日本語版がリリースされ、それが流行の発信源になるようになった。フェイスブックやツイッターよりも写真メインのＳＮＳが広まって、「バエる」ことが重要視されるようになった。ＢＴＳのプロモーションもＳＮＳを使って行われたことは前にも述べたが、あらゆる流行がＳＮＳから始まるようになっている。

Ｚ世代にもなると、物心ついたときにはすでに韓流はあり、韓国ドラマもＫ－ＰＯＰも、私の世代が子供のころ、周囲に欧米の曲や映画が当然のように存在していたのと同じように、単なる選択肢の一つとなっている。ＳＮＳでみんなが勧めるなら、はやっているほうに多くの関心がいくのは当たり前だ。

インスタグラムでデジタルネイティブの世代が情報を受発信するようになってから、いわゆる「韓流」色が消えたような気がする。韓国のプチプラコスメ、パッピンス、チーズタッカルビ、ハットグ、ヤンニョムチキンなど、韓流に興味のない人でもファッションや食べ物は取り入れているという人も多い。台湾のタピオカミルクティーなど台湾スイーツも人気だが、それと韓国の食やスイーツ、コスメはまったく同列だろう。

インターネットが登場してから、「ボーダレス社会」といわれてきた。日本と韓国は政治の問題が大きくなったり小さくなったりしているが、デジタルネイティブが流行発信の主役になった現在、日韓の国民間の文化交流は完全にボーダレスになりつつある。政治はリアルな社会でボーダー（境界）を守っているが、文化も経済もボーダレスになり、この二重構造がしばらく続くのだろう。

ＢＴＳの戦略に代表するように、ボーダレスの時代が来ることを予想してか、予想しないまでもインターネット社会にうまく移行して行動を始めていた韓国エンタメは、世界中、特にアジアに浸透している。エンタメが十分発展していない国では完全制覇といえるほどの勢いだ。文化で制覇されているので、ドラマでスターが使っている韓国製の電化製品が欲しくなるという構造にもなっている。

日本は韓流ブーム第何次、と言っている場合ではないかもしれない。ジャニーズの勢いが落ちてくると、それに代わる準備ができているのはK－POPだろうと私は今の時点では思っている。韓国のプロデュースで日本人を中心にアジア中から人を集めて育て、日本のアイドルのようであり、実は背景は韓国といった形が今以上に増えるかもしれない。ジャニーズが公演や舞台を行っている会場が少しずつ空いてきたとしたら、そこを埋められるほどのパワーがあるアーティストはそう多くない。日本のエンタメの現状とK－POPのパワーのバランスを考えると、徐々にK－POPの活躍の場が増えていくのではないだろうか。

日本人の80％ほどが利用しているといわれているLINEも、完全に日本オリジナルとは言えない。もともとは韓国のＩＴ企業ネイバーの傘下だった。今も影響は残っている。韓国ではカカオのほうが先行していて、メッセージアプリの発達していなかった日本で活路を見いだした。ＬＩＮＥに代わる日本独自のメッセージアプリは存在しないのだ。

Ｚ世代は自然と理解しているだろうが、デジタルネイティブでない私たち世代は、すでに文化のボーダレス化は生活の中に浸透しているのだと認識しておく必要があるだろう。

第6章

私の出会った韓流スター

パク・ヨンハ

２０１０年6月30日、朝早い時間に甘記者からの電話が鳴った。「パク・ヨンハさんが自殺しました」。信じ難い言葉だった。心拍数が上がって、凍り付いた。そのあと、編集部に電話したような気がする。唇が震えた。

初来日のとき、マスコミとの懇談会のようなお披露目会があった。ニコニコと明るいパク・ヨンハは、「冬ソナ」のサンヒョクとは１８０度違うはつらつとした26歳の青年だった。

デビューの日は、私の一言がつながったということで、独占密着取材までさせてもらった。その後、何度も取材で会ううちに顔見知りになり、取材のたびにあいさつしてくれるようになった。「あのころはまったく仕事がなかったから」といった軽口を言ったりする、本当に率直でさっぱりした、友人になりたいタイプの人柄だった。

本格的な韓流ブームがやって来て、私は多忙を極め、徹夜も続くようになった。スタッフも雇えるようになり、取材はもっぱらスタッフに任せるようになった。パク・ヨンハも大スターになっていき、あまり会うこともなくなった。そろそろ入隊といわれていた２００６年に取材のタイミングがあり、久しぶりにあいさつに行った。デビュー当時の初々しさはなくなり、すっかりスターになっていて、それはそれでうれしく思った。

30代になってからロングインタビューの機会があった。インタビュー自体はスタッフが行ったが、「すっかり大人になったね」と声を掛けた。顔つきが大人の男性に変わっていた。「もちろんですよ、僕は前から大人ですよ」と言われた。言葉を交わしたのはそれが最後になった。

訃報直後に発売した「もっ韓」38号に、特別ページを設けた。

亡くなった当時、彼の友人だった韓流スターの中には、日本のマスコミが彼の死を商売のネタにしていると言っている人もいると聞こえてきたが、それもショックだった。

韓国では忘れ去っている人が多いかもしれないけれど、当時の韓流にハマった日本人は、業界関係者も、ファンも、今もまだ彼を思い出す人が多い。日本のブームの初期の初期、大スターだったペ・ヨンジュンはほとんどやって来なかったけれど、日本でデビューもして、何度も日本にやって来て、日本語もペラペラになって、そんな身近なスターは彼だけだった。彼は自分で「仕事がなくて暇だったし」と笑いを取っていたが、そんな彼が私たちにはありがたかったし、彼が最初のブームをけん引したともいえると思う。

あらためてご冥福をお祈りいたします。

私のノートに今でも挟んでいる、最初に会ったときのポラロイド写真。遺族の方の了解を得て掲載しました。

デビューの日、マスコミと関係者が呼ばれたお披露目会の席で

撮影日不明。スターになったパク・ヨンハさんと再び

チャン・グンソク

２００５年９月から11月の３カ月間、私は韓国の延世（ヨンセ）大学校語学堂という大学が運営する語学学校に午前中だけ通ったことがある。仕事の相手は半分以上が韓国人で、韓国語を少しでも理解できるようになりたかったし、なるべきだと思ったからだ。「もっ韓」の発行は継続することで会社の許可も得て、１カ月に一度、逆出張のような形で帰国し、その間ソウルで生活した。

私がソウルに行ってから、「プラハの恋人」というドラマが始まった。２００４年に大ヒットした「パリの恋人」と同じ監督・脚本家が手掛けるということで放送前から話題になっていた。韓国語が分からないながらもリアルタイムで視聴できることがうれしくて、当然私も見始めた。主役は今では大女優となったチョン・ドヨンと、２０１７年に交通事故で亡くなった実力派キム・ジュヒョク。

言葉がよく分からないこともあったが、私がドラマよりも気になったのが、ときどき登場するチョン・ドヨンの弟役の若い男の子だった。気になって仕方がないのでソウルのスタッフに聞いたところ、チャン・グンソクという子役で18歳だという。私はどうしてもその子を掲載したかったので、スタッフに「インタビューできるように連絡してほしい」と頼んだ。

「プラハの恋人」は日本でも注目作だったので、後日「もっ韓」でも特集し、そこにチャン・グンソクのインタビュー記事を掲載した。まだ日本ではまったく無名で、おそらく日本の雑誌に掲載されたのはあれが初めてではないかと思う。

その後も私はチャン・グンソクを追い続け、「ファン・ジニ」「ベートーベン・ウィルス」でも当然インタビュー記事を掲載した。そしてついに2009年、チャン・グンソクがドラマで初主役を演じることになった。それが、「美男〈イケメン〉ですね」だ。同ドラマは韓国で若い層を中心に人気を集めたものの、子役のチャン・グンソクが初めて主演したドラマだったので、日本上陸前はあまり注目されていなかった。

そんな折、ドラマ制作会社の代理という方が私を訪ねてきた。「『美男〈イケメン〉

ですね』に興味を持ってくれる日本の会社がほとんどなくて困っています。御社はどうですか？」と言うのだ。私たちの編集部ではすでに盛り上がっていたので、すぐにその場で「『公式ガイドブック』の権利が欲しいです」「主演俳優たちの独占取材もさせてください」と答えた。

またその後、ユンソナが日本で活動していたときの担当者で、エイベックスに移った知人が、「アジア関連のイベント担当をすることになったが、何かいいネタはないか？」と訪ねて来た。そのときに「今は絶対に『美男〈イケメン〉ですね』ですよ！　チャン・グンソクを呼んでください」と話し、その方が担当して開催したのが２０１０年６月26日に渋谷C.C.レモンホール（当時）で開催された「美男〈イケメン〉ですね」ファンミーティングだった。

ファンミーティングにはチャン・グンソクとパク・シネが登場し、大盛況となった。そのときもその方の口添えで、舞台裏での２人の独占取材をさせてもらった。

「美男〈イケメン〉ですね」は韓国から始まり、日本などアジア各国で大ヒットし、チャン・グンソクフィーバーが巻き起こった。チャン・グンソクが「アジアのプリンス」となった日だ。

当時のチャン・グンソクの人気は相当なもので、「ヨン様」以来久しぶりに現れたスターに日本のマスコミも盛り上がった。「もっ韓」はいち早く取り上げていたからか、私のところにまで複数のテレビ局が取材に来るほどのフィーバーぶりだった。韓流ファンの年齢層をぐっと押し下げ、チャン・グンソクのおかげで「韓流といえば、おばさん」というイメージがだいぶ払拭されたと思う。

「プラハの恋人」で取材したときはまだ18歳か19歳、「アジアのプリンス」になったのは22歳。現在36歳だ。直接取材をしたスタッフによると、「プリンス」になる前は、「ヨン様になるにはどうすればいいか」とか「ビルを買えるようになりたい」とか、取材のときにいろいろ夢を語っていたようだが、そのときの夢は全部かなえたのだからすごいものだ。２０１２年のドラマ「ラブレイン」の取材に私も同席したが、そのときに過去の彼の記事を見せたところ、「このころはバカだ」とつぶやいていたのが印象的だった。急速に変化する自分に葛藤があるのかもしれないと思えた。

外見はもちろん、演技の才能もあり、音楽的にも能力があって、映像制作の面でも才能を発揮している。英語も日本語も話せて、いろんなことに興味があり、何でも器用にできすぎるため、一つのことに没頭し突き詰めることを良しとする韓国社会では、落ち着きがなくどっちつかずと見られがちのようだが、才能あふれる人なので、年を取るごとに魅力が増すのではないかと私は期待している。

「春のワルツ」

「もっ韓」は第2号で初めて、「冬のソナタ」を制作したユン・ソクホ監督を取材した。ソウルの甘記者が丁寧な取材をして記事を仕上げてくれた。日本で「冬のソナタ」ブームが沸き立っていたころ、韓国ではユン・ソクホ監督の四季シリーズの3作目「夏の香り」が放送されていた。翌2004年に日本でも放送され、そのときもロングインタビューをさせてもらった。その後、まるごと1冊ユン・ソクホ監督のムック「ユン・ソクホの世界」も発行させてもらった。

ちなみに「ユン・ソクホの世界」では、実は表紙を四季シリーズで2回主演を務めたソン・スンホンとユン監督の2ショットを準備していた。たしか撮影の2日前だったと思う。突然韓国から連絡が来て、ソン・スンホンが撮影できなくなったという。状況がつかめず監督と連絡を取り合ううちに、ソン・スンホンの兵役逃れの問題が発覚したことが分かった。そんなことがあって、ユン・ソクホ監督が一人で撮影に臨み、本が出来上がった。結果的には、監督の本なので、それでよかったと思っている。

2006年3月から韓国で四季シリーズ最終作「春のワルツ」が放送されるが、放送前の2月に制作現場に呼んでもらえた。その日は、「春のワルツ」主演陣と制作スタッフらの昼の会食の日だった。私はたしか、新人の主演俳優ソ・ドヨンとハン・ヒョジュの前に座らせてもらったように記憶している。2人とも背が高く、背の低い私とは同じ人間じゃないように思えた。ソ・ドヨンはにこやかで堂々としているというか、気取らず構えてもいなくて明るいオーラがあった。ハン・ヒョジュは知らない私たちがいて少し固かったというか、何となく田舎育ちの清楚なお嬢さんという感じだったように記憶している。

しかしハン・ヒョジュについては、最近のバラエティーを見ていると、私のまったくの勘違いだったようにも思う。ソ・ドヨンはその後も「もっ韓」とお付き合いさせてもらった。彼については、画面で見るよりも実物のほうが圧倒的にすてきに思える。なぜそうなのかはナゾなのだが。

ところで、ユン・ソクホ監督が「春のワルツ」のオーディションをしたとき、最終段階まで主役として迷ったのが、チュ・ジフンだったという。結局、ドラマの内容などからソ・ドヨンを採用したようだが、チュ・ジフンのほうも「春のワルツ」のワンクール前の２００６年１月から３月まで韓国のＭＢＣで放送された「宮」に主演して大ブレークしたので、結局は双方適材適所だったのだろう。ソ・ドヨンとチュ・ジフンはソ・ドヨンが１歳年上の同世代。同時期にファッションモデルとして活躍しお互いに知り合いだったそうだ。

イ・ヒョンミン監督

２００４年に大ヒットした「ごめん、愛してる」を取材したときに知り合ったのがイ・ヒョンミン監督だ。イ・ヒョンミン監督は「冬のソナタ」でサブの監督を務め、ユン・ソクホ監督が行けない現場で監督を務めていた。その後、２００３年にピ主演の「サンドゥ、学校へ行こう」というドラマをヒットさせる。私はこの切ないドラマが好きで、このときのピの演技にハマった。歌手よりも、俳優としてのピが好きだった。

監督はその後、ソ・ジソブ主演の「ごめん、愛してる」を２００４年末に大ヒットさせ、スター監督として名を馳せる。ソ・ジソブは「ごめん、愛してる」が放送された10カ月ほど前の２００４年１~３月に、チョ・インソン主演で最高視聴率40％を記録した大ヒットドラマ「バリでの出来事」に準主役で出演し大ブレークした俳優だ。

このときの主演チョ・インソンの映像は、20年たった今でもバラエティーなどで目にするほど韓国人に強く印象に残っているドラマだ。その主演を食うほどのブレークをしたのがソ・ジソブで、ブレーク直後の主演ドラマだったために注目度も高かった。「ごめん、愛してる」は期待通り大ヒットした。韓国語タイトルの「ミアナダ、サランハンダ」を略して「ミサ」と呼ばれ、「ミサ」にハマりすぎている人たちを指して「ミサ廃人」という呼び名まで流行した。「ミサ」の放送されている時期にソウルに出張したことがあったのだが、あるホテルの女子トイレで手を洗っていると、そこにいた20代か30代くらいのＯＬと思われる女子２人が「ミサ」の話をしていた。そのときも甘記者と一緒にいたのだが、彼女は「『ミサ廃人』ですね」と笑っていた。たしか当時は甘記者自身もそうだったように思う。

日本では２００５年に韓国専門チャンネルのＫＮＴＶで放送され、２００６年に地上波で放送されることになり、「もっ韓」はそのときに「ごめん、愛してる」を特集した。監督が同じなので、私の好きな「サンドゥ、学校へ行こう」も同時に特集して掲載した。このときに監督を取材させてもらい、そこから縁が始まった。

「ごめん、愛してる」の次に監督が手掛けたのが２００６年放送の「雪の女王」。主演は「愛の不時着」のヒョンビン、当時24歳。２００５年に大ヒットし、ヒョンビンをスターに押し上げた「私の名前はキム・サムスン」に続くドラマだった。このときも私は撮影現場を見せてもらった。ヒョンビンはボクサーの役で、地方の古いボクシングジムを借りての撮影だった。撮影はものすごく寒い日だった。寒がりの私は、ソウルで買った足首まで覆えるダウンのロングコートを着て行った。

古いボクシングジムはエアコンがなかったのか、あったとしても暖房はモーター音が鳴って、その音をマイクが拾ってしまうので撮影中は使えないとも聞いた。小さなストーブはあったように思う。それでもジムの中の温度は外気と変わらないほどで相当寒かった。その中でヒョンビンは、ボクサーの格好をして長時間演じるのだ。

撮影の合間にインタビューもさせてもらった。ヒョンビンは静かに、しっかりと誠実に受け答えをしてくれた。インタビュアーによると、質問に対して無駄のない、そのまま記事にできる答え方だったという。

イ・ヒョンミン監督も、ヒョンビンについて「頭のいい子だ」と言っていた。ヒョンビンはその後、映画とドラマにバランス良く出演し、役者としての地位を固めていった。２０１９年にネットフリックスで配信されたドラマ「愛の不時着」が大ヒットして再び日本での人気が再燃したことでも知られる。

ヒョンビンは、「私の名前はキム・サムスン」で大ブレークした直後は、韓国のマスコミのインタビューにあまり登場しなかったという。当時のマネジャーが、露出しすぎると消耗されると考え、抑えていたようだった。ペ・ヨンジュンの戦略と少し似ているといえる。そんな中、私がソウルで知り合ったある業界の人が、たまたまそのマネジャーと親しかったという理由で、「もっ韓」だけ独占取材をさせてもらった。ヒョンビンは当時、韓国で最も人気のあった若手スターだったが媒体のインタビューを受けていないので、広告以外の写真があまり出回っていなかった。ヒョンビンのインタビュー記事の掲載された「もっ韓」が発売されてすぐに、私はソウルに出張した。読者プレゼントを探しに明洞（ミョンドン）を歩いていたら、発売後１週間もたっていないのに、「もっ韓」に掲載したヒョンビンの写真を使ったクッションが売られていて驚愕したのを覚えている。当時のヒョンビンの人気はそれほどすごかった。

2010年にイ・ヒョンミン監督は「赤と黒（韓国タイトル『悪い男』）」を手掛ける。これは、前述した日本のACCが主体になって制作にかかわったドラマだ。

私は監督がこのドラマを企画しているときに監督に呼ばれ、甘記者と3人でランチをしながらドラマの話を聞いた。そのときに監督から「主演男優は誰がいいと思う？　僕は『花より男子』のイ・ミンホがいいと思うんだけど」と聞かれ、私は「『善徳女王』に出てたキム・ナムギルがすごくよかったから、キム・ナムギルがいい」と答えた。すると監督は、「僕の奥さんもそう言うんだよ」と言うので、甘記者と私は、「ドラマは女性が見るので、女性の意見が正しいと思います」と言って笑い合った。

私たちの意見が参考になったのかどうかは不明だが、主演はキム・ナムギルに決まり、このときも撮影現場に呼んでもらった。

ドラマの冒頭部分の「赤と黒」の撮影は済州道で行われた。私は二泊三日の行程で同行し、済州道のホテルや、船で近くの牛島（ウド）という島に渡ったり、ほかにも複数箇所にくっ付いて回った。途中行われたドラマの制作会見や、スタッフや記者との夜の会食にも参加させてもらった。

主演のキム・ナムギルは、スタッフやマネジャーらと一緒に、主演俳優というよりスタッフチームの人のようにざっくばらんな様子で皆と打ち解けていた。「赤と黒」の役柄も、その前の「善徳女王」も、クールで陰鬱な役柄だったのですごく意外だったが、最近バラエティーやファンミーティングで見せる、明るくて楽しい、友達の多い人というキム・ナムギルそのものだった。

昨年だったか、地上波で「赤と黒」が放送されていたのでたまたま見ていたところ、最終回の最後のエンドロールのところで映ったスタッフ全員の集合写真に私がいてびっくりした。確かにその写真を撮影したとき、監督に「こっちにおいで」と呼ばれて、ほぼ真ん中に座った記憶がある。ただ見に行っただけなのに、あのときの写真を使ってくれたのだと監督に感謝した。

「もっ韓」を創刊した２００３年から、２０１５年までの13年間のスケジュール手帳を、私は「当時のことを何かに書くことがあるかもしれない」と思って保存していた。本書で20年も前の日付まで思い出せたのは、この手帳があったからだ。私は昔から「鳥の脳みそ」と言われるほど忘れっぽく、今回も数人の元編集スタッフに助けてもらって思い出したことが多い。

本書の校正と事実確認などを手伝ってくれた元編集スタッフの唐木優衣さんから、「あんなこともこんなこともあったのに、エピソードをもっと書き加えたほうがいい」とアドバイスをもらった。

当初は20年間で一番心のしこりのように残っていたパク・ヨンハのことだけを書こうと思っていたのだが、少し追加してみた。ほかにもいろいろ思い出はあるのだけれどまた何かの機会に触れられればと思う。

おわりに

韓流ブームが始まる前、私の前には道がなく、韓国ドラマの専門誌は私が手探りで作った雑誌が日本で最初にできた韓国ドラマ専門誌となりました。その後、他誌の編集部の人から、私が作った雑誌をちょっとずつ参考にして、そこにオリジナリティーを加えてそれぞれの韓流誌を作ったと言われたこともあったので、韓流誌の原型になったのかもしれないとも思っています。

「何がきっかけで雑誌を作ることにしたのか」とこれまでもよく聞かれました。もともと私はあまり突き詰めて考える性格ではなく、「やりたい」と思ったことを即行動に移すタイプなので、当時は目の前のことをやり抜くのが楽しくて、必死で走り抜けたという感じでした。それ以降もあまり振り返って考えたりしなかったこともあり、その質問に対する明確な答えは今も持ち合わせていないように思います。あえていえば、「パッション」ってところでしょうか。何かに突き動かされた感じはします。

韓流ブームがピークになったころ、「日本の韓流ブームの状況も含め、本を書いてはどうか」と韓国の業界の方からも勧められました。私自身の趣向としては、自分が書くよりも企画・編集するほうが好きで、日々の仕事に追われていることを理由に放置してしまっていました。

数年前から再び周囲の人に、一度、自分のやったことをまとめておいたほうがいいとアドバイスされ、やっと定年前の今になって、私自身の振り返りの意味を込めて重い腰を上げることにしました。

運のいいことに、今年2023年はちょうど韓流20周年。そして、今も韓流は人気です。韓流の始まりにどんなことがあったのか、その一端を興味のある人に知ってもらえるとうれしいと思うようにもなりました。

韓流は、日本には存在しなかったところから、世界市場を席捲するほどの一大産業に成長しました。こんなダイナミックなうねりは、どんな世界でもめったにない現象だろうと思います。その真っただ中に自分がいたことも幸せだったと思います。また、そういった幸運を享受した者として、少しでも自分の経験を書き残しておくことに意味があるかもしれないとも思えました。

さらに言えば、私のやったことはほんの小さなことですが、それでも、何かをイチから生み出すことの楽しさ、躍動感を、いろんな年代の人に知ってほしいとも思います。どんな逆風があっても、自分の信念を持って突き進むことが、どんなにやりがいがあるかを感じてもらえるとうれしいです。今のような答えのない時代には、これまでの予定調和の時代と違って、そんなチャンスがあふれているように私は感じています。

今さら日本の韓流ブームの本か、と思われる方もいるかもしれません。しかし、今の韓流がグローバル化するための第一歩が日本での大成功だったと思います。そして、日本における成功で金銭的余裕が生まれ、ノウハウを蓄積し、さらに勢いを増すことができたのは、韓国人のリスクを取る大胆なチャレンジ精神と、それをグローバル化するアイデアと戦略だったのだと思います。

韓国と深くかかわった約20年間で、多くの友人ができました。多くの人とお会いしました。あらためて思い出しながら文章にしてみると、出会った人に助けられてやっと創刊号が出来上がったという思いです。感謝することがたくさんあって、ときどき心が揺さぶられるような感情が込み上げることもありました。本書に登場した方々にはどれだけ感謝してもしきれません。ほかにも、私に付き合って深夜までレイアウトを組んでくれたデザイナー、無理なお願いも快く受けてくれたライターやカメラマン、雑誌づくりに加わってくれた編集・翻訳スタッフ、印刷会社の担当者の方たち。皆さんと一緒に一つの時代を駆け抜けてきたことは一生忘れられない宝物です。そして今回、本書の出版にあたりお力添えいただいた東京ニュース通信社の佐藤千秋さん、装丁からＤＴＰまでやってくれた池田紀久江さん、ありがとうございました。

以前、韓国文化院から感謝状を頂いたときに「私の社会人生活約40年のうち、ほぼ半分が韓流と共にありました」とコメントしました。一時は他の仕事をやろうと考えてみましたが、結局、また元に戻ってきたようです。

韓流雑誌を作ったときに思ったことは、「文化は政治を超える」。そのとき実感したことから、私は、相手の文化を知り、理解し、好きになり、尊敬することが平和につながると、今も信じています。これからもその思いで日韓双方の文化を私なりの方法で伝えていきたいと思っています。

２０２３年12月　丸山幸子

이 의미 있을지도 모른다고도 생각했습니다.

덧붙여 말씀드리자면 제가 한 일은 아주 작은 일이지만, 그래도 무언가를 처음부터 만들어낸다는 즐거움, 생동감을 여러 연령대의 사람들에게 알리고 싶었습니다. 어떤 역풍이 있어도 자신의 신념으로 돌파해나가는 것이 얼마나 보람 있는 일인지 느껴주시면 고맙겠습니다. 요즘처럼 무엇이 정답인지 알 수 없는 시대에는 지금까지의 일반적 상식이 통하는 시대와 달리 그런 기회가 넘쳐나고 있는 것 같다고 저는 생각합니다.

이제 와서 새삼스럽게 일본 한류 열풍 책이냐고 생각하시는 분이 계실지도 모릅니다.

하지만 현재 한류 세계화의 그 첫걸음은 일본에서의 대성공이었다고 저는 생각합니다. 그리고 일본에서의 성공으로 금전적 여유가 생기고, 노하우를 축적, 더욱 확대할 수 있었던 것은 리스크를 감수하는 한국인의 대담한 도전정신과 그것을 세계화하는 아이디어와 전략에 있었다고 생각합니다.

한국과 깊이 연관되었던 지난 20년 동안 많은 친구를 사귀었습니다. 많은 사람들을 만났습니다. 다시 글로 쓰다 보니 제가 만난 분들의 도움으로 겨우 창간호가 완성되었다는 속사정이 다 드러나는 것 같습니다. 당시를 생각하며 글을 쓰다 보니 감사할 일도 많고, 때때로 마음이 동요되는 듯 감정에 복받치기도 했습니다. 본문에 기재한 분들께는 감사할 따름입니다. 정말 고맙습니다.

예전에 한국문화원으로부터 표창을 받았을 때 "제 사회인 생활 약 40년 중 거의 절반을 한류와 함께 했습니다"라고 코멘트했습니다. 한때는 다른 일을 하려 생각해 봤지만, 결국 다시 원점으로 돌아온 듯합니다.

한류잡지를 만들었을 때 생각한 것은 "문화는 정치를 초월한다"라는 것입니다. 그때 실감한 것을 통해 저는 상대방의 문화를 알고, 이해하고, 좋아하고, 존경하는 것이 평화로 이어진다고 지금도 믿고 있습니다. 앞으로도 그런 마음으로 한일 양국의 문화를 제 나름의 방법으로 전달해 나가고 싶습니다.

2023년 12월　　마루야마 사치꼬

후 기

한류 열풍이 시작되기 전 제 앞에는 길이 없었고, 한국 드라마 전문지라는 것은 제가 만든 책이 일본에서는 최초가 되었습니다. 그 후 몇몇 편집부 사람들이 제가 만든 책을 조금씩 참고로 하고, 거기에 독창성을 더해 각각의 한류지를 만들었다는 이야기도 있었기에 한류 전문지의 원형이 되었을지도 모른다는 생각을 하곤 합니다.

"어떤 계기로 책을 만들게 되었나" 라고 그동안 자주 질문을 받았습니다. 원래 저는 골똘히 생각하는 성격이 아니라 '하고 싶다' 라고 생각한 것을 바로 행동으로 옮기는 타입의 인간이기 때문에 당시에는 눈앞의 일을 해내는 것이 즐거워서 필사적이었습니다. 그 이후도 그다지 돌이켜 생각하거나 하지 않았던 터라 지금까지도 그 질문에 대한 명확한 대답은 갖고 있지 않은 것 같습니다. 굳이 말하자면 "열정" 이라고나 할까요? 무언가에 마음이 움직였던 것 같습니다.

한류 열풍이 절정에 달했을 무렵 "일본의 한류 열풍 상황도 포함해서 책을 써보면 어떻겠느냐" 라는 한국 업계 분으로부터의 권유도 있었습니다. 제 취향으로는 자신이 글을 쓰는 것보다는 기획 · 편집하는 것을 좋아하는 데다 매일 일에 쫓기고 있다는 이유도 있어 방치해두고 있었습니다.

몇 년 전부터 다시 주변 사람들로부터 한 번쯤 자신이 한 일을 정리해 두는 것이 좋겠다는 조언을 받았고, 겨우 정년을 앞둔 지금에서야 나 자신을 돌아보는 의미를 담아 미적미적 이 일을 시작하게 되었습니다.

운 좋게도 올해 2023년은 마침 한류 20주년. 그리고 지금까지도 한류는 인기입니다. 한류의 시작이 어떠했는지 그 일부분이라도 흥미를 가지고 있는 분들이 알게 된다면 기쁘겠다는 생각이 들기도 했습니다.

한류는 일본에서는 존재하지 않았던 곳으로부터 시작하여 세계 시장을 석권할 정도의 일대 산업으로 성장했습니다. 이런 역동적인 물결은 그 어느 세계에서도 거의 없었던 현상일 것입니다. 그 한복판에 있었던 것도 행복한 일이라 생각합니다. 또 그러한 행운을 누린 사람으로서 조금이라도 기록해두는 것

丸山幸子（まるやま さちこ）

和歌山県田辺市出身。津田塾大学学芸学部英文学科卒業、ビジネス・ブレークスルー大学大学院経営学研究科経営管理専攻（MBA）修了。株式会社共同通信社入社後、「FMfan」「TVfan」「もっと知りたい！韓国TVドラマ」などの雑誌編集長を歴任。日本初の韓流ドラマ専門誌を立ち上げ、「ヨン様」の名付け親として知られる。

「ヨン様」の名付け親が
初めて語る韓流秘話

韓流前夜

第1刷　2023年12月1日

編著者　丸山幸子

発行者　菊地克英

発　行　株式会社東京ニュース通信社
〒104-6224 東京都中央区晴海1-8-12
電話 03-6367-8023

発　売　株式会社講談社
〒112-8001 東京都文京区音羽2-12-21
電話 03-5395-3606

印刷・製本　株式会社シナノ

デザイン　池田紀久江
編集　佐藤千秋
校閲　唐木優衣

ISBN978-4-06-534497-2